U0599860

古斯塔夫·勒庞 (Gustave Le Bon) /著

魏强斌/译

乌合之众

群体心理学

经济管理出版社

ECONOMY & MANAGEMENT PUBLISHING HOUSE

图书在版编目（CIP）数据

乌合之众——群体心理学/（法）居斯塔夫·勒庞著；文汐，魏强斌译.
—北京：经济管理出版社，2020.12
ISBN 978-7-5096-7506-9

Ⅰ.①乌… Ⅱ.①居… ②文… ③魏… Ⅲ.①群众心理学—研究
Ⅳ.①C912.64

中国版本图书馆 CIP 数据核字（2020）第 164430 号

组稿编辑：勇　生
责任编辑：勇　生　刘　宏
责任印制：黄章平
责任校对：王淑卿

出版发行：经济管理出版社
　　　　　（北京市海淀区北蜂窝 8 号中雅大厦 A 座 11 层　100038）
网　　址：www. E-mp. com. cn
电　　话：(010) 51915602
印　　刷：唐山昊达印刷有限公司
经　　销：新华书店
开　　本：880mm×1230mm/32
印　　张：6.625
字　　数：146 千字
版　　次：2021 年 3 月第 1 版　2021 年 3 月第 1 次印刷
书　　号：ISBN 978-7-5096-7506-9
定　　价：38.00 元

Dans les foules，c'est la bêtise et non l'esprit，qui s'accumule.

在群体中，累加的是愚蠢，而非才智。

Gustave Le Bon（居斯塔夫·勒庞）

目　录

第一卷　群体的心理

第一章　群体的普遍特征和统一心理法则 ·············· 011

"群体中的个体，不仅在行为方面与本人有着本质区别，在他们完全失去独立性之前，他们的思想和情感也已经被转变。这种转变深刻到可以把吝啬鬼变成挥霍者，怀疑论者变成虔诚信徒，老实人变成罪犯，胆小鬼变成英雄的程度。"

第二章　群体的情感与道德 ·············· 021

"群体只是所有外部刺激的傀儡，时时反映着外部刺激的无穷变化。"

"群体只懂得简单、极端的情感。暗示给他们的观点、想法和信仰，他们不是当作绝对真理全盘接受，就是当作绝对谬误全盘否定。通过暗示方式产生的信仰总是如此结局，因为它们不是通过理性思考得来。"

第三章　群体的观念、推理和想象力 ……………………… 043

　　"观念只有具有极为简单的形式，才能为群体所接受。所
以，一个观念要想被大众普遍接受，通常需要经过彻底转变。
特别是在涉及一些比较高深的哲学或科学思想时，必须将其彻
底改变，层层降级到群体可以理解的水平才行。这个改变取决
于群体的类型，以及群体所属的种族。但无论针对什么样的群
体，都是要将观念缩减和简化。"

第四章　群体所有信念都具有宗教形式 ………………… 053

　　"几乎所有政治、神灵和社会的信仰，只有以宗教的形式，
才能在群体心里落户安家，因为宗教形式才可以避免信仰被质
疑和讨论。如果群体能接受无神论，那也一定会表现出宗教式
情感那种偏狭的特点。在这种形式下，无神论很快会成为被崇
拜的对象。"

第二卷 群体的主张和信仰

"威望的特点，就是它会阻碍人们看到事物本来的样子，麻痹人们的判断力。群体和普通人总是在任何事情上都需要现成观点。有些观点之所以受到拥护，与它们本身对错无关，只是因为它们有威望。"

"标志着一个重大信仰即将消亡的日子很好确定，就是它的价值开始被讨论的那一天。所有这些几乎都是虚构出来的普遍信仰，只有在没有检验的条件下，才能存续。"

第三卷　群体的分类及其特征

"人在结群后的心理与独立时的心理，有着本质区别，智力也无法使人摆脱这一区别。我们已经看到，在群体中，智力发挥不了任何作用，只有一些无意识情感才可以发挥作用。"

第二章　所谓的犯罪群体 ·························· 135

"由于服从了一个因来自集体而变得更强大的暗示，杀人者相信自己做了一件值得嘉奖的事情，而同伴们的一致赞同更让他认为这是合乎情理的。类似这样的行为，在法律上可以称作犯罪，但在心理学上就不可以。"

第三章　重罪法庭的陪审团 ·························· 141

"和所有群体一样，陪审团也受威望迷惑。陪审团的构成很平民，喜好却很贵族——'姓氏、出身、财富、声誉、名律师辩护，以及一切令人出众和光鲜的事物，都成了被告手中有利的武器。'出色的律师，应该着重从情感上去打动陪审团，并且就像针对所有群体一样，要少用逻辑推理或者只用最简单的推理。"

第四章　选民群体 ·························· 149

"对候选人来说，第一个条件是拥有威望。财富是唯一可以取代内源性威望的东西。才能，甚至惊世之才，都不是成功的要素。"

"选民很在意候选人是否迎合和满足他们的贪欲和虚荣心。候选人必须用最谄媚的话奉承他们，并且还要毫不犹豫地对他们许下最虚幻的承诺。"

第五章　议　会 ·························· 159

"在议会中，演讲的成功几乎只取决于演讲者的威望，跟他讲的道理完全无关。最好的例证就是，当演讲者因为某些原因

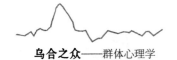

失去其威望时，他即刻就会失去其影响力，也就是可以随意左右投票结果的能力。"

译者序

《乌合之众——群体心理学》自 1895 年出版到今天已超过一个世纪了。直到今天，在"一生必读的 10 本书""一生必读的 50 本书"等书单中，仍能看到《乌合之众——群体心理学》的身影。

译者周围就有很多朋友很推崇《乌合之众——群体心理学》，但同时也表示有的译本晦涩难懂（*没有踩其他译者的意思——感受一下译者的求生欲*）。所以当译者决定答应翻译法文原版《乌合之众——群体心理学》时，就下定决心，一定要译得浅显易懂。

为此，译者费时大半年时间，逐字逐句，字斟句酌。译出语义是最基本的，除此之外，包括作者的语气和语言表达习惯在内，译者统统都想呈现给读者。

在翻译过程中，译者不惜时间大量查阅包括"柯林斯法英词典""拉鲁斯词典"在内的很多法语词典，力求找出某些词汇、短语最贴切的含义，尤其是在心理学上的解释。

有时，译者在某些词汇的翻译上会斟酌良久，比如"meneur"这个词，有首领、领袖、头目的意思。虽然这三个词的意思差不多，但褒贬不同。"领袖"带有褒义，"头目"带有贬义。由于阶层不同，立场不同，对同一个人的评价不会是一样

的，并且也为了尊重作者在文中的态度，所以译者选择将"meneur"译为中性的"首领"。在极其个别的情况下，才用"领袖"一词。

再比如"foules"，译者也会根据语境，分别将其译为"群体""民众""人民""平民""大众""乌合之众"等。

另外，在对"inconscient（e）"一词进行翻译时，也是斟酌再三。"inconscient（e）"一般是指无意识。曾对《乌合之众》称颂不已的精神分析学派创始人西格蒙德·弗洛伊德（Sigmund Freud）提出了无意识的概念，有的将其译为潜意识。无意识和潜意识的概念在学术上是一致的，但在实际用语中却有一定的差别。文中多次出现 inconscient（e）这一词，有时代表的是深层次的心理结构（潜意识），有时则是言行不经过意识思维直接表现出来的状态（无意识）。而所谓的无意识行为，实际上是受潜意识主导的行为。如果统一译作"无意识"，可能就会产生误解。所以译者也会根据语境，交替使用无意识和潜意识这两个词汇。

还有"âme"，有灵魂、心灵、人物等意思。译者最终认为"心""心灵""心理"可能更适合本书的语境。精神分析学派大师卡尔·荣格（Carl Jung）把心灵（或人格结构）当作心理学的研究对象，认为心灵是由意识、个体潜意识和集体潜意识三个层面构成。不过文中大多数时候提到"心"时，更多的是指潜意识部分，以跟大脑所代表的意识思维相区分。

诸如此类的考量还有很多。

当然，译者为了让某些地方意思更清晰，也会做些小改动。比如在"威望"部分讲到的"内源性威望"和"外源性威望"。

按原文直译，应该分别是"个人的威望"（le prestige personnel）和"获得性威望"（le prestige acquis），但为了更好区分，所以擅自进行了改动。

在此，译者要特别感谢陪译者一起执着的经济管理出版社的编辑们，在交稿后，译者又前前后后改动了上百个地方，很多时候只改动了一个字，就是为了让表达更精确（真是译无止境），但他们都毫无怨言。所以，读者一定能感受到这部作品的诚意。

对《乌合之众——群体心理学》的翻译有一大特点，就是要添加大量脚注。作者在书中提到了大量历史事件和人物，如果对这些事件和人物不太了解的话，那么可能会有碍对本书的理解。所以译者也花了大量时间，围绕作者讲这个人或这件事的逻辑来注释。有兴趣的读者，不妨读一读。本书的最后还有一个附录，是作者提到的那段时间的大事年表，是译者为了自己翻译方便制作的，不是严谨的学术资料，仅提供给读者进行参考。

书中的人名、地名皆采用约定俗成译法，少数按法语发音来译。

译者酷爱旅行，至今已行走 40 余国，领略过多种文明及宗教文化。比如亲历过伊斯兰教什叶派圣地马什哈德的阿舒拉节，连绵不绝的黑衣男性信徒队伍朝圣陵缓缓前行，边高歌边用铁链鞭打自己；去过埃塞俄比亚南部包括唇盘族在内的多个仍然刀耕火种的原始部落；见过法国大罢工和南美秘鲁的全国大罢工；观看过佛教圣地菩提迦叶盛大的佛事活动，印度教圣地瓦拉纳西恒河边平静的火葬仪式……所有这些经历，让译者对作

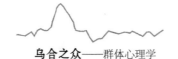

者所说的信仰的力量以及不同的民族有不同的心理结构等深有体会。

译者阅读爱好十分广泛，涉及政治、经济、历史、宗教等方面，尤其是心理学，深入研习过弗洛伊德的精神分析、荣格的分析心理学、卡伦·霍妮（Karen Horney）的神经症分析、米尔顿·艾瑞克森（Milton Erickson）的催眠治疗等，都对本书的翻译颇有助益。

《乌合之众——群体心理学》虽然成书于一百多年前，但作者揭示的群体心理如今依然随处可见。在这一百多年里，世界发生了太多事件，比如最近的英国脱欧事件、法国的黄背心运动，都在印证作者的某些观点。另外，作者对学术教育和职业教育的思考，也正是当前一些国家正在思考和探索的问题。

《乌合之众——群体心理学》在受到读者追捧的同时，也有反对的声音。确实，《乌合之众——群体心理学》并不是一本严谨的学术著作，而且作者有他个人和时代的局限性，很多观点片面和偏激。比如对拉丁民族和女性的蔑视，对社会主义的鄙视和恐惧等。

到 2019 年，中华人民共和国成立 70 周年了。在中国共产党的领导下，短短几十年间，中国在各方面都已取得举世瞩目的成就，中国特色社会主义制度的优越性正在逐步向世人展现。作者在书中多处表露的当时对社会主义的评价，如今读来不免令人感慨。

1789 年，法国资产阶级大革命提出了"自由、平等、博爱"的口号，加上"民主""人权"等，构成了今天西方向世界鼓吹的"普世价值"。曾经，作为资产阶级反对封建专制主义和

作者序（1905 年版）

我上一本书①致力的是种族心理的研究。现在，这本书将探索一个新领域——群体心理。

遗传和环境②赋予一个种族全部个体的一系列共同性格特征，构成了这个种族的种族心理。但观察发现，当种族中一定数量的个体，为了某种行动聚集起来的时候，单就彼此聚集这一行为本身，就会产生一些新的心理特征。这些新的心理特征有的可能与原有的种族心理相同，但有的却是截然不同的。

组织化的群体总是在民族的生活中扮演着重要角色，但这

---

① 指 1894 年出版的 "*Les lois psychologiques de l'évolution des peuples*"，国内有出版中文译本《民族进化的心理定律》。——译注

② 19 世纪后叶到 20 世纪初（本书成书时期），西方关于儿童心理发展的主流观点之一是遗传决定论。这一学说以英国人类学家 F. 高尔顿为代表，代表作《遗传的天才》（1869 年），认为个体的发展完全取决于生殖细胞的基因，后天的环境和教育只是促进内在因素的展开。但目前发展心理学普遍认为，个体的发展是由遗传和环境两个因素共同决定的。作者勒庞在 1905 年这一版序言中，只提到了遗传（hérédité）这一因素，后来有些版本中加上了"环境"因素。译者综合考虑后，决定将此处的"hérédité"一词增译为"遗传和环境"。后文中提到"遗传"的地方，读者可以适当根据具体情况加上"环境"这一因素。——译注

一角色还从未像今天这般重要过。群体的无意识[①] 行为取代这些个体的有意识[②] 行为，是当前时代的重要特征之一。

我曾尝试用一种绝对科学的方法来破解群体相关的复杂难题，也就是说，尽力找到一种抛开现有观点、理论和学说的研究方法。我相信这是找到某些真理的唯一办法，特别是当它涉及一个众说纷纭的问题时，就像现在探索的这个问题这样。科学家在验证某种现象时，是不会操心验证结果是否会触犯谁的利益的。杰出思想家戈布莱·达尔维耶拉先生（Goblet d'Alviela）在最近的出版物中指出，我不属于当代任何学派，有时我的看法与所有学派秉持的观点完全相悖。我希望我现在的这项新研究也能得到同样的评价。属于某个学派，则必然会带有某种偏见或成见。

然而，我应该向读者解释一下，为什么我的研究结论与人们初次接触这一课题时所认为的不一样。比如，我既说群体心智极其低下，甚至包括精英构成的群体在内，但同时又说，尽管他们心智低下，干预他们的组织却是危险的。

---

① 此处的"inconsciente"译为"无意识"，相当于"不自觉"。本书有两对关键概念需要区分，第一对概念是表意识和潜意识，第二对概念是有意识和无意识。在精神分析心理学中，意识一般分为表意识和潜意识。表意识就是我们通常所说的有意识或意识，潜意识就是我们通常所说的无意识。潜意识和无意识的概念在学术上是一致的，但在实际用语中有一定差别。文中多次出现 inconscient 这词，有时代表的是深层次的心理结构（潜意识），有时则是言行不经过意识思维直接表现出来的状态（无意识）。而所谓的无意识行为，实际上是受潜意识主导的行为。因此，为了便于理解，译者会根据语境交替使用表意识和有意识、潜意识与无意识这两组通常意义上相等的概念。——译注
② 此处的"consciente"译为"有意识"。后面会根据语境，或译为"表意识"。——译注

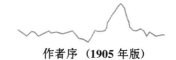

这是因为，在对历史事件进行了最细致的观察之后，我意识到社会组织就像所有生命体一样复杂，凭我们的能力根本不足以让它们突然发生深刻改变。大自然有时是激进变化的，但绝不是以我们理解的方式那样进行，所以热衷大改革对一个民族来说是最致命的，无论这些改革从理论上看有多么美好。除非它能即刻改变民族的心理结构，否则都无法发挥作用。然而，只有时间拥有这种魔力。支配人类行为的，是观念、情感和习俗，这些都是人类自身的产物。制度和法律只是我们人类心理的外显，反映的是心理的需求。正因为如此，作为心理的产物，制度和法律无法反过来再改变心理。

对社会现象的研究，与对产生这些现象的民族的研究是不可分割的。从哲学角度来讲，这些社会现象可能具有绝对价值，但是在实践中，它们只有相对价值。

因此，在研究一个社会现象时，必须从这两个极为不同的方面依次考量它。这样，我们就可以看到，**纯粹理性讲的东西，常常与实践经验相反**。即使是在物质世界，也存在着这样的区别。从绝对真理的角度，立方体和圆形都是由特定公式严格定义的几何图形，是不可改变的。但从我们人类肉眼观察的角度，这些几何图形可以具有极为不同的形状。因为随着我们视角的不同，立方体可以呈现为锥形或平面正方形，圆形呈现为椭圆形或直线形。研究人类眼中的"不真实"图形比研究真实图形更为重要，因为这才是我们肉眼所见的模样，是相机和绘画可以记录和重现的。**在某种情况下，不真实比真实来得更真实。**如果以真实的几何形状来绘制这些物体，反而会扭曲物体，让人无法辨认。假如一个世界上的居民只能临摹或拍摄物体，不

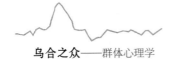

能接触它们，他们将很难对物体的真实形状产生正确认识。如果只有少数科学家才能对物体的真实形状有个正确认识，那么这一正确认识对这个世界来说，没有多大意义。

研究社会现象的哲学家应该谨记，这些现象除了理论价值外，还有实践价值，并且从文明发展的角度来看，只有后者才具有一定重要性。这一结论应该会让他们更谨慎地对待那些似乎一开始就认定的法则和定律。

其他一些原因也会让他们采取这一谨慎态度。社会行为如此复杂，根本不可能将它们当作一个整体来全方位考量，也不可能预见它们相互影响产生的结果。而且这些可见的行为背后，有时似乎还隐藏着很多不可见的原因。**可见的社会现象好像是庞大的潜意识**[①] **作用的产物**，这通常超出了我们的分析能力范围。我们可以将可见现象比作海浪，它们只是一个表象，反映的是我们不知道的海底汹涌湍流的情况。对群体的大部分行为进行观察发现，他们的智力往往十分低下，但他们的有些行为似乎也受一些神秘力量的支配。古人称这种神秘力量为命运、气数或天意，我们称其为先人的意志（voix des morts）[②]。虽然我们并不了解它们的性质，但不能无视它们的力量。有时，民族层面好像也潜藏着某种力量在支配他们，比如，语言。还有什么东西能比语言更复杂、更富逻辑、更绝妙的呢？如果不是

---

① 此处的"inconsciente"译为"潜意识"。本书有两对关键概念需要区分，第一对概念是表意识和潜意识，第二对概念是有意识和无意识。具体解释请参考前面"无意识"的脚注。——译注

② 直译为"死者的声音"。有趣的是，鲁迅先生在《随感录三十八》一文中，指出勒庞的主要观点是，"我们一举一动，虽似自主，其实多受死鬼的牵制"。——译注

作者序（1905 年版）

源于群体的潜意识，那么组织如此严密、精巧的东西又来自何处呢？即使是最顶尖的学院，最受推崇的语法学家，也只能勉强记录下这些语言的规则，而完全无法创造这些规则。甚至于那些伟人的天才思想，我们真的确定仅仅是他们个人大脑的产物吗？当然，这些思想的确出自一个个独立的大脑，但是，难道不是群体心理作为无数微尘堆积成土壤，才使这些天才思想获得了萌生的养分吗？

毫无疑问，群体总是处于无意识状态，但是可能正是这种无意识状态才是他们力量强大的奥秘之一。在自然界中，完全受本能支配的动物，也会做出一些复杂程度令人吃惊的行为。**理性是人类新近才有的东西，太不完美了**。它不能向我们揭示潜意识的运作法则，更不能替代这些法则。**在我们的所有行为中，无意识行为占比较大，理性行为占比较小。潜意识仍作为一种未知力量在我们的行为中发挥着作用。**

所以，如果我们只想待在科学所知的狭小但稳妥的范围内，不去模糊推测和虚妄假设的领域探索和游历，那么一定只能观察到我们理解能力范围内的现象，并局限其中。通过观察得出的结论，通常是不成熟的，因为在我们清楚看到的现象背后，存在着我们看不清楚的现象，甚至在这些看不清楚的现象背后，还存在着我们根本看不见的现象。

引言 群体时代

提要：当前时代的演化／文明的重大变化是民众思想变化的结果／当代对群体力量的信仰／它转变了各国的政治传统／平民阶层如何崛起以及如何发挥他们的力量／群体力量的必然结果／群体只能当破坏者／靠群体终结过于衰老的文明／对群体心理学的普遍无知／群体研究对立法者和政治家的重要性。

罗马帝国灭亡和阿拉伯帝国建立都是重大的文明变化。表面看来，这类重大文明变化之前的大动荡，似乎主要源于重大的政治变化，如外族入侵或王朝颠覆。但是仔细研究这些事件后发现，**这些表面原因背后往往藏着真正的原因，即民众思想发生了深刻变化。**可以称为历史大动荡的，并不是那些在规模和暴力方面令人感到惊骇的。**真正重大的变化，是人的思想、观念和信仰上发生的变化，是它们引发了文明变革。**历史上的重大事件，都是民众思想发生的不可见变化产生的可见结果。如果说这类重大事件很罕见，那是因为在一个种族中，没有比世代承袭的思想更稳定的东西了。

当前正处于历史关键时期之一，民众的思想正在发生转变。

这个转变基于两个基本因素：一是宗教、政治和社会的信

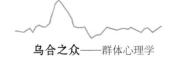

仰崩坏，这是我们文明所有要素孕育的"温床"；二是现代的科学发现和工业发展，为生存和思想创造了全新条件。

过去的思想虽已半塌，但仍然十分强大，而应该取而代之的新思想还在形成当中。所以，当前处于一个过渡和混乱的时期。

在这样一个必然有些混乱的时期，还很难说未来哪天会从中诞生出什么。接替我们社会的社会，会建立在怎样的基本思想上？我们不知道，但是我们现在可以清楚地看到，为了他们的新组织，他们必须重视一股新的力量——群体的力量。它已成为当前时代的新主宰。在无数过去正确、今天消亡的思想，和无数革命相继摧毁的政权的废墟上，唯一崛起的就是这种力量，而且它好像很快就会吞并其他的力量。**在我们旧有信仰动摇消亡，旧有社会支柱逐一倒塌之时，群体的力量是唯一不受威胁的力量，并且还会越发强大。**我们进入的将是真正的群体时代。

大约一个世纪以前，各国的政治传统和君主们的权力争斗是这类事件的主要原因。群体的意见不受重视，更多时候是根本不予考虑。今天，情况发生了反转，不予考虑的是政治传统、君主的个人偏好和权力争斗，而群体的声音已经占据主导。它支配着君主们的统治，君主们竭力听从它的指挥。**国家的命运不再掌握在君主及其谋臣手里，而取决于群体的心理。**

平民阶层登上政治舞台，实际上也可以说他们逐渐变成了领导阶层。这是我们这个过渡时期最显著的特征之一。但是这种转变并不是以全民普选为标志，普选在很长一段时间并没有太大影响，并且在初期很容易被引导。群体力量逐步诞生，首

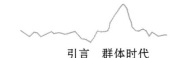

先是因为有一些观念慢慢植入人心并传播，然后有些人为了实现这些观念而逐渐联合起来形成组织。最终形成的联合组织，使得群体形成了一些即使不是特别正当，但也不可动摇的利益主张，并使群体意识到了自己的力量。他们成立工会，让所有权力在他们面前一一让步；还成立职业介绍所，无视所有经济法规，由他们自己制定劳动条件和工资水平。他们还派遣代表参与政府会议。这些代表完全没有能动性和独立性可言，通常只是这些选派他们的组织的代言人而已。

今天，群体的诉求变得越来越明确，不彻底摧毁当前的社会绝不罢休。他们要将社会带回到原始共产主义社会，这是文明开始之前所有人类社会的常态。限制劳动时间，没收矿产、铁路、工厂和土地，平均分配所有产品，消灭上层阶级，等等，都是他们的诉求。

群体不善于理性思考，却很善于行动。通过当前的组织，他们的力量变得强大。我们眼看着才产生的一些新信条，很快就拥有旧有信条那样的力量，即不容辩驳的、至高无上的专制力量。民权天授将取代君权神授。

那些站在资产阶级一边的作家们，最能代表资产阶级。他们观点狭隘，目光短浅，缺乏怀疑精神，有时又过分自私。面对日益壮大的新力量，他们完全惊慌失措。为了肃清思想上的混乱，他们绝望地求助于宗教的道德力量，尽管他们过去曾如此鄙视。他们对我们大谈科学的失败，到罗马忏悔回来后，还敦促我们学习宗教揭示的种种真理。但是，这些新皈依者忘了，现在为时已晚。即使上帝能将这份恩泽施与他们，也没有同样的力量摄受那些群体。群体并不关心这些虔诚新信徒操心的问

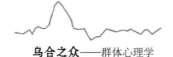

题。今天，群体不再想要他们昨天就已抛弃并打破的神灵。不管是神还是人，都无法让河水倒流。

科学并没有失败。在当前的思想混乱中，以及在这片混乱中壮大起来的新力量中，科学并不是毫无意义。它许诺我们以真相，或者至少能让我们认识一些凭我们的智力可以理解的事物间的关系。它从未许诺我们以和平和幸福。它对我们的情感无动于衷，对我们的悲叹充耳不闻。我们要学着与它共处，因为任何东西都无法带回被它驱散的幻想。

在所有国家都能看到的一个普遍现象，就是群体的力量在快速增长，而我们还不敢预言这个增长会很快停止。不管这将为我们带来什么，我们都得接受。

所有反对它的论述都是徒劳。当然，群体的崛起可能标志着西方文明走向没落，社会完全回到无政府状态时期，而这似乎是每一个新社会诞生前的必然状态。但我们怎么才能阻止它呢？

到目前为止，彻底摧毁过于衰老的文明是群体最显著的作用。事实上，群体的这一作用并不是到了今天才在这个世界显现。历史告诉我们，**当作为一个文明的基础和源泉的精神力量失去其统治时，那么这个文明终将被无意识和残暴的群体终结，称他们为野蛮人**① 也不为过。迄今为止，文明都是由少数才智卓越的贵族阶层创造和掌握的，绝非群体。群体只有破坏力。

---

① 野蛮人（barbare），又称蛮族人，是古代希腊、罗马人以及稍后的基督教世界对外族人的称谓。罗马时期，斯拉夫人、日耳曼人和凯尔特人并称欧洲三大蛮族。——译注

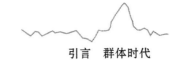

他们的统治永远代表了野蛮时期。文明意味着固定的规则，遵从的纪律，从本能到理性的过渡，对未来的预见，以及高度发展的文化，如果将这一切托付给群体，将永远无法实现这种状态。群体的力量只具破坏性，他们的作用就像加速病体和死尸分解的细菌。当文明的大厦被蛀空时，总是群体来实施最后的摧毁。只有在这时，群体的主要作用才会显现，并且在这一刻，人数似乎是唯一的历史考量。

我们的文明会是一样的下场吗？我们只能担心，还没有办法知道。

不管怎样，我们最好还是屈服于群体的统治，因为那些缺乏远见的人已经在逐一清除所有可能阻挡他们的障碍了。

关于群体，人们已经谈得很多，但目前仍然知之甚少。职业心理学家们，生活远离群体，也总是忽略群体。当他们开始研究群体时，却是从群体可能会犯下的罪行角度去开展。毫无疑问，确实存在一些犯罪群体，但同时也存在一些品行高尚的群体，英雄群体，以及其他一些群体。群体犯罪不过是群体心理外显的特例。只研究群体的犯罪行为，并不能认识群体的全部心理结构，正如我们无法仅通过一个人的缺点来全面了解一个人一样。

然而，**坦白说，所有世界的主宰，所有宗教或帝国的开创者，所有信仰的传播者，杰出的政治家，或者缩小一下范围，小团体的领导，都是不自觉的心理学家，对群体的心理有着本能但常常准确的认识。**也正是因为这种认识，他们才能如此轻易地成为主宰。拿破仑深刻了解他统治的国家的群体心理，但

有时却完全不了解其他种族的群体心理[①]。正因这个不了解，才使他在西班牙，特别是在俄罗斯发动战争，结果遭受重挫，很快被打败。

今天，了解群体心理已经成为一部分政治家最后的指望。他们并不是想操控群体——这件事已经变得太困难——他们只是希望至少不被群体牵着鼻子走。

只有更深入一点了解群体的心理，我们才能知道法律和制度对群体是多么没有作用；除了强加给他们的观点，他们是多么没有主见；**不能用基于纯理论公平的制度来管理他们，而要寻找可以打动或诱惑他们的东西。**比如，立法者要设立一个新税种时，他应该选择理论上最公正的那个吗？绝不是！对群体来说，可能最不公正那个才是最好的选择。并且，如果这项税赋同时也最不显眼，表面上看来最不繁重，那么它将是最容易被接受的那个。因此，间接税不论多么高昂，都会被大众接受，因为每天消费品纳税也就几分钱，不会妨害他们的消费习惯，也不会引起他们注意。但是如果换成按比例从工资或其他收入中一次性扣除的税法，即便理论上总额只有此前税负的十分之一，也会遭到一致反对。不是每日支付不起眼的几分钱，而是在规定的日子一次性缴纳，数额就会相对上升，看起来大很多，因此特别令人心颤肉疼。如果是几分钱几分钱地缴纳，税负就不会显得那么繁重。然而，这种省钱的办法需要一定的远见，

[①] 他那些高明的谋士也不比他更了解。塔莱朗曾写信告诉他，"西班牙人会像欢迎解放者一样欢迎他的士兵"。结果却是，西班牙人像对付猛兽一样对待他们。一个了解种族遗传本能的心理学家，应该很容易预见到这一点。——作者注

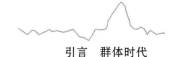

这是群体欠缺的。

　　前面这个例子最简单了，很容易判断其是否正确。这当然没有逃过拿破仑这种心理学大师的眼睛。但不了解群体心理的立法者就缺乏这种慧眼。他们的经验还不足以告诉他们，**群体从来不会按纯理性行事**。

　　群体心理学也适用于其他很多地方。掌握了它，就会像射出一道最强的光，照在很多历史与经济现象上。没有这道光，这些现象就犹如置于黑暗中难以理清。我也可以借此指出，如果说当代最杰出的历史学家丹纳[①]先生，有时也没有完全搞懂我们这场大革命的话，那是因为他从未考虑研究群体的心理。他在研究这个错综复杂的时代时，采用的是博物学家[②]的描述方法。在博物学家研究的这些现象中，根本没有精神力量这一要素。然而，恰恰是这种力量构成了历史发展的原动力。

　　即便只是考虑群体心理研究的实用性一面，都值得一试。哪怕纯粹只是为了满足一下好奇心呢。毕竟，分析群体行为的动机和探索矿石或植物一样有趣。

　　我们这里对群体心理的探讨，只是我们整个研究的一个简要概括。只需要它给出一些启发性的观点。一定会有人据此深耕下去。今天，我们只在一片处女地上勾勒出个大概轮廓。

----

　　① 伊波利特·阿道夫·丹纳（Hippolyte Adolphe Taine，1828~1893），法国文艺评论家、哲学家、历史学家，著有《艺术哲学》（傅雷译）、《智力论》、《当代法国的起源》、《英国文学史》和《19世纪法国哲学家研究》等，属温和的自由主义者，一面反对法兰西第二帝国的专制统治，一面又反对巴黎无产阶级革命。——译注
　　② 博物学是叙述自然，即动物、植物和矿物等的种类、分布、性质和生态等的学科。博物学家即是对博通这类自然科学的专家的尊称。著名的博物学家有古希腊的亚里士多德，文艺复兴时期的达·芬奇，近代的达尔文，中国古代的郦道元、沈括、徐霞客，近代的竺可桢等。——译注

第一卷　群体的心理

第一章　群体的普遍特征和统一心理法则

摘要：从心理学角度看群体的构成／大量个体聚集并不足以构成群体／心理群体的特征／群体中个体的思想和情感的固定走向及其个性的消失／群体总是受潜意识支配／大脑思维消失和脊髓相关的无意识活动占据主导／智力降低和情感彻底转变／转变后的情感会比个体独立时更高尚或更卑劣／群体既容易成为英雄，也容易犯罪。

通常意义上，许多人聚集在一起就构成一个"群体"，而不管这些人的国籍、职业和性别如何，也不管是怎样的偶然将他们聚集在一起。

从心理学角度看，"群体"一词的意义则完全不同。在某些特定情况下，也只有在这些情况下，聚集起来的人群拥有了与他们个体独立时期完全不同的特征。个体的表意识人格① 消失，

---

① 这里的"consciente"译为"表意识"。人格指个人的一些意识倾向和各种稳定而独特的心理特征的总和。本书中"表意识人格"与"有意识人格"是同一个意思。译者根据语境需要，交替使用两种表述。另外，可以参考前面"无意识"的脚注。——译注

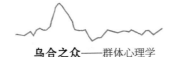

所有个体的情感和思想朝一个方向发展，形成一种集体心理。这种心理无疑是暂时的，却表现出明确的特征。这样的集体，因为找不到更好的词汇，我姑且称之为组织化群体，或者如果愿意，也可以称之为心理群体。它成了单一的存在，服从群体统一的心理法则。

显然，并非只要很多个体偶然并肩聚到一起，就能获得组织化群体的特征。如果上千个个体偶然聚集在公共广场却没有任何确定目标，那么从心理学的角度看，这也绝构不成一个群体。要获得群体的特征，需要一些外部刺激的影响，我们后面会介绍这些刺激的性质。

个体的表意识人格消失，情感和思想朝特定方向发展，这是正在形成的群体的最初特征，这并不意味着很多个体必须同时出现在一个地方。成千上万的人即使分处各地，在特定时刻，在一些强烈的情感影响下，比如发生了一件国家大事，这些人也能获得心理群体的特征。在这种情况下，只要任意一个偶然事件令他们聚集或联合起来，他们的行为立刻就有了群体行为的特征。在某些情况下，五六个人就能构成一个心理群体，然而如果是偶然出现在一处的，即使是成百上千人也不能构成心理群体。另外，一个民族也不需要明显地聚集一处，在某些影响作用下，就能成为一个群体。

心理群体一旦形成，就会具有一些普遍特征，虽是暂时的，却非常明确。除了这些普遍特征，还有一些特有特征，随着群体成员构成的不同而不同，因此群体的心理结构也会有所不同。

因此，心理群体可以进行分类。我们可以将其分为两种类型：异质群体和同质群体。所谓异质群体，是指群体成员的派

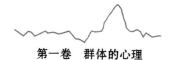

别、社会集团和社会阶级等都不同的群体，而同质群体的成员在这些方面都或多或少地相似。这两种类型的群体都会表现出一些共同特征，但是除了这些共同特征，还具有一些将它们区分开的独有特征。

当然，在研究不同类型的群体之前，我们应该先看看他们的共同特征。我们应该像博物学家那样，从描述一个科①的共同特征开始，然后才是这个科下面区别于彼此的属，以及再下面的种的独有特征。

要准确描述群体心理并不容易，因为其结构并不只随种族和其他构成的不同而不同，还会因群体经受的刺激的性质和程度而发生变化。不过，对个人进行心理研究也会遇到同样的难题。只有在小说中才能看到终其一生保持性格不变的人物。**只有恒定不变的环境才能造就明显单一的性格。我曾在其他地方指出过，所有心理结构都包含了各种性格的可能性，环境一旦急剧变化，这种可能性就会显现。**因此，我们可以看到，在最残暴的国民公会②议员中，还存在一些原本人畜无害的资产者。这些人在通常情况下可能是温和的公证员或正直的法官。风暴一过，他们又恢复了温和资产者的正常性格。拿破仑在这些人中找到了最顺从的仆人。

---

① 生物总共分为界、门、纲、目、科、属、种。——译注
② 国民公会是法国资产阶级大革命时期的最高立法机构，在法兰西第一共和国的初期拥有行政权和立法权。1792 年 8 月 10 日，巴黎起义军占领杜伊勒里宫，立法议会宣布废黜法国国王路易十六，在普选基础上成立国民公会。同年 9 月 20 日，国民公会开幕，9 月 22 日宣布成立法兰西共和国（史称法兰西第一共和国）。1795 年 10 月 26 日，国民公会解散，其立法权由元老院和五百人院继承，行政权由督政府继承。——译注

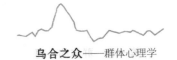
在这里，我们无法研究群体形成过程中所有阶段的情况，只能专注于群体形成的最后阶段。这样，我们很快就能看到群体的变化，而非把时间浪费在他们可能几乎看不出变化的阶段。也只有在这个即将完成组织化的阶段，在种族心理特征占主导的恒定不变的基础上，一些新特征才能产生，集体所有的情感和思想才会朝同一个方向发展。也只有在这种情况下，我前面所说的群体的统一心理法则才会显现。

在群体的各种心理特征中，有些可能与个体独立时期的特征一样，有些则完全为群体所独有，只有在群体中才能看到。我们首先要研究的就是这些独有特征，以更好揭示其重要性。

心理群体最惊人的表现是，无论构成群体的个体是些什么人，无论他们的生活方式、职业、性格或智力相似与否，仅仅因为他们转变为群体，就会获得一种集体心理。这种心理让他们的感知、思考和行为的方式与他们个体独立时期完全不同。有些思想和情感只有在他们成为群体的一员时才会产生，或转化为行动。心理群体只是一种由异质成员构成的临时组织，成员只是在一段时间内结合在一起，非常像构成生命体的细胞。大量细胞结合构成了一个新的生命体，并表现出与所有单个细胞完全不同的特征。

我们惊讶地发现，与英国哲学家赫伯特·斯宾塞[①]（Herbert

---

① 赫伯特·斯宾塞（Herbert Spencer，1820~1903），著名的"社会达尔文主义之父"，是理论上阐述进化论的先驱，先于达尔文。在社会学方面，他认为动物和社会有机体存在着重大的差异。在前者体内，只有一个与整体相关的意识，各器官是为着整体的生存而生存的。而在后者当中，每一个成员都具有独立意识，整体是为了它各个成员的存在而存在。这种个人主义是打开斯宾塞全部著作的锁匙。——译注

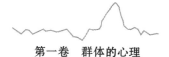

Spencer）的观点相反，在群体这个集合体中，并不存在所有成员特征的简单相加或平均，只有新特征的组合和创造。就好比某些化学物质相遇，比如碱和酸，就会产生新的化学物质一样，其化学性质已与原来的碱或酸完全不同。

很容易发现群体中的个体与个体独立时有多么不同。不过，要找到造成这种不同的原因却没有那么容易。

即便只是大致了解一下这些原因，首先也要记住现代心理学的一个发现，即**无意识现象不仅在有机体的生理活动中，在其智力活动中也占据主导。比起无意识活动，有意识活动只占据了很小一部分。即使是最细致的精神分析学家和最敏锐的观察家，都只能发现主导他行为的一小部分无意识动机。**我们的表意识行为源于脑部深处的潜意识部分，而这个部分主要是由遗传构建，它藏有无数先祖遗留的东西，正是这些东西构成了种族的种族心理。我们行为背后的诸多原因中，除了我们承认的原因外，无疑还有一些我们不承认的秘密原因，并且在这些秘密原因背后，还有很多更隐秘的，以致我们自己都不知道的原因。**我们大部分日常行为都是我们未察觉的隐秘动机的结果。**

主要是潜意识部分构建了种族心理，同一种族的所有个体在这方面都是相似的，而将个体区分开的主要是表意识部分，这是后天教育尤其是不同的遗传的结果。那些智力水平相差极大的人，却有着极相似的本能、激情和情感。**任何涉及情感的问题，比如宗教、政治、道德、爱憎等，最杰出的人也很少比最普通的人处理得更好。**在智力方面，一个大数学家和一个鞋匠之间或许存在鸿沟，但就性格而言，两者的区别可能微乎其微，甚至根本没有区别。

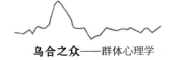

正是由潜意识支配了这种普遍的性格特征。这种普遍特征，一个种族中的绝大部分人都差不多同等程度地拥有，群体中也在共享。在集体心理笼罩下，个体的智力消失了，因此，个性也跟着消失了。异质淹没在同质中，无意识性格特征占据了主导。

正是这种普遍共享的性格特征，向我们解释了为何群体永远无法完成智力水平要求较高的行动。在涉及共同利益时，一群杰出但专长各不相同的人组成的群体做出的决定，并不比一群傻瓜组成的群体做出的决定更高明。事实上，也只有全世界人都拥有的这些平庸性格特征才能够被共享。在群体中，累加的是愚蠢，而非才智。人们常说，所有人加起来比伏尔泰[①]聪慧（类似于中国人说的"三个臭皮匠，顶个诸葛亮"——译注），但是如果这里的"所有人加起来"意味着构成了一个群体，那么情况就要反转，所有人加起来也不及伏尔泰聪慧。

但是，如果群体中每个人都只共享一些群体中每个人都具有的平庸特征，那么群体就应该表现出这种平庸特征，而非像我们所说的，会产生新的性格特征。

那么，这些新特征是如何产生的呢？这就是我们现在要研究的问题。

多种原因导致了群体出现一些在个体独立时并不具备的新

---

① 伏尔泰（Voltaire，1694~1778）是 18 世纪法国启蒙运动的泰斗。18 世纪的法国启蒙运动是人类历史上一个光辉灿烂的时代产物。在当时众多的思想家中，伏尔泰是公认的领袖和导师，享有崇高的威望。他博学多才，在戏剧、诗歌、小说、政论、历史和哲学等诸多领域都有卓越贡献。伏尔泰的影响不只限于法国，他的思想还代表了整个启蒙运动的思想，启迪了民众的心智，影响了整整一代人。——译注

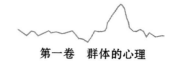

性格特征。第一个原因是集结成群的个体，会仅仅因为人多势众，而感受到一种不可战胜的力量。这种感受释放了他独立时不得不压制的本能。同时，群体无名无姓，因此也无须承担责任。当个体平时总是揣着的责任感消失时，就更难以压制这些本能。

第二个原因是传染。这也会影响群体新性格特征的表现和发展方向。传染是一种很容易观察到的现象，却难以解释，它应该归类于我们在本能研究中会涉及的催眠范畴。**在群体中，任何情感和行为都具有传染性。**这种传染性可以使个体为了集体利益轻易牺牲个人利益。这种品质完全违背个体本性，但个体一旦成为群体一员，就自然拥有。

第三个原因，也是最重要的原因，它决定了群体中个体的性格有时完全不同于个体独立时的性格。也就是我想说的，**群体容易受暗示。**这恰好是我们上面提到的传染的结果。

要理解这一现象，就需要先了解目前心理学的一些新发现。今天我们已经知道，通过一些方法，人可以陷入完全失去表意识人格的状态，并且在引导他进入这一状态的人的心理暗示下，做出一些与自身性格和习惯完全相反的行为。同样，最细致的观察结果似乎证明，**当个体融入一个积极活动的群体一段时间后，会因为群体中弥漫的某种气氛或其他我们不知道的原因，而很快陷入一种特别状态，与被催眠的状态非常相似。**在被催眠的状态下，大脑思维完全停滞，但脊髓① 相关的无意识活动

---

① 脊髓是脑与周围神经联系的桥梁，脊髓与脑组成了人的中枢神经系统。——译注

还在继续，因而任由催眠者操控。表意识人格完全消失，个人意志和判断力荡然无存，所有情感和思想都被导向催眠者决定的方向。

成为心理群体一员的个体，差不多就是处于这样的状态。他们再也意识不到自己的行为。就像被催眠者，他们身上某些能力丧失的同时，另一些能力得到极大激发。在某个暗示影响下，难以抑制的冲动会驱使他们开展某项行动。群体的冲动比被催眠者的冲动更难以平息，因为暗示对群体中每个人都产生了影响，并且在相互传染中，这个影响得到了加强。群体中也有一些人个性强大到足以抵抗这个暗示，但由于人数太少而难以对抗整个趋势。他们最多只能尝试用不同的暗示来分散群体的注意力。比如，有时一个令人高兴的词汇，一个适时唤起的形象①，就能让一个行为最残暴的群体变得温和。

因此，有意识人格②消失，无意识人格占据主导，情感和思想通过暗示和传染被导向同一个方向，立即将暗示转化为行动，这些都是群体中的个体的主要特征。他们不再是自己，只成了一个个不再有个人意志的牵线木偶。

也因此，只要成了组织化群体中的一员，他们就会在文明的阶梯上倒退好几步。独立时，他们可能是有教养的人，但在群体中，就成了野蛮人，也就是完全受本能驱使。他们既像原

---

① 从心理学的角度讲，形象就是人们通过眼、耳、鼻、舌等各种感觉器官在脑中形成的关于某种事物的整体印象，简言之，就是各种感觉的再现，称之为"心象"或"意象"。它不是事物本身，而是人们对事物的认知。——译注

② 这里的有意识人格与前面的表意识人格是同一个意思，只是语境不同，所以表述不同。具体请参考前面"表意识人格"的脚注。——译注

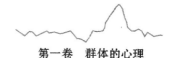

始人一样无法自制，凶猛残暴，也像原始人一样热情和英勇。他们很容易受一些词汇和形象的影响，做出一些明显与自身利益和习惯完全相反的行为。但当这些个体独立时，这些词汇和形象对他们根本不起作用。**群体中的个体，只是风沙中的一粒，吹向哪里，风说了算。**

因此，我们可以看到，陪审团做出了每个陪审员独立时都反对的裁决；议会通过了每个议员都批评的法律和措施。国民公会的议员，平时独处时都是些有教养、举止温和的资产者，一旦结成群体，他们就会毫不犹豫赞成一些最残暴的提案，把明显最无辜的人送上断头台，并且，还会违背自己的意志，放弃自己的议员豁免权，开启相互残杀的序幕。

群体中的个体，不仅在行为方面与本人有着本质区别，在他们完全失去独立性之前，他们的思想和情感也已经被转变。这种转变深刻到可以把吝啬鬼变成挥霍者，怀疑论者变成虔诚信徒，老实人变成罪犯，胆小鬼变成英雄的程度。在 1789 年 8 月 4 日那个著名夜晚，贵族们一时冲动，投票赞成放弃了他们所有特权，而这是每个贵族独处时绝对不会接受的事情。

综上所述，在智力方面，群体总是不及独立的个体，但从情感及其激发的行为角度看，群体会因环境不同而表现得更高尚或更卑劣。这完全取决于群体被暗示的方式。这是那些只从犯罪角度研究群体的作家们完全不知的。无疑，群体常常违法犯罪，但是同样的，他们也常常英勇无比。正是群体，更容易被鼓动，为了某种信仰或理念的胜利而献身；正是群体，更容易被荣誉和尊严点燃激情；也正是群体，更容易在几乎弹尽粮

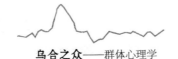

绝的情况下被动员起来，就像十字军东征① 时期那样，将异教徒从耶稣墓地上赶走②，或者像 1793 年那样，誓死捍卫祖国的领土③。这种英雄主义行为无疑是无意识的，然而正是这种无意识的英雄主义创造了历史。如果世界历史只记载民众经过深思熟虑的大行动，那么这部世界历史的记载会少得可怜。

---

① 十字军东征（1096~1291）是以恢复圣城耶路撒冷为名，在罗马教皇的准许下发动的一系列针对地中海东岸伊斯兰国家的宗教战争，前后共计 9 次，持续时间近 200 年。十字架是天主教的象征，每个参加出征的人胸前和臂上都佩戴"十"字标记，故称"十字军"。——译注

② 耶稣的墓地位于耶路撒冷的圣墓大教堂。——译注

③ 1789 年法国爆发资产阶级大革命，引起国内外敌对势力的恐惧和反抗。1793 年欧洲君主国家结成反法同盟，对法国革命进行武装干涉。法国资产阶级为了保卫革命成果，国民公会于 1793 年 8 月 23 日颁布《全国总动员法令》，宣布"从现在起到一切敌人被逐出共和国领土为止，全法国人民始终处于征发状态"。该法令颁布后在很短时间内就组建了一支 42 万人的军队。——译注

第二章　群体的情感与道德

提要：①群体的冲动、易变和易怒。群体只是所有外部刺激的傀儡，时时反映其无穷的变化 / 群体服从的冲动足够强烈，以致个人利益抛诸脑后 / 群体不会预谋 / 种族的影响。②群体易受暗示并且轻信。群体服从于暗示 / 他们把脑中唤起的形象当作现实 / 为何群体中所有个体脑中唤起的形象是相似的 / 群体中的博学者和傻瓜是差不多的 / 群体中所有个体受幻觉影响的各种例子 / 绝不能接受群体的证词 / 多个目击者的一致证词是我们弄清真相所需借助的最糟糕证据 / 史书的微小价值。③群体情感的夸大与简单。群体既不懂怀疑也不会犹豫，总是走极端 / 群体的情感总是很极端。④群体的偏狭、专横和保守。这些情感的由来 / 群体面对强权的奴性 / 一时的革命冲动并不妨碍他们极端保守 / 他们本能敌视变化和进步。⑤群体的道德。群体的道德会随着不同暗示而表现得比个体独立时更高尚或更卑劣 / 解释与例子 / 群体行为很少被个人利益左右，而这通常是个体独立时的唯一动机 / 群体的道德提升作用。

在大概介绍了群体的主要特征之后，我们还要再深入探讨这些特征的细节。

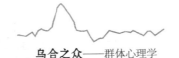

我们会注意到，群体有许多特征，比如冲动、易怒、没有推理能力、缺乏判断力及批判精神、情感夸大等，均可以在一些进化程度较低的人身上看到，比如女人、原始人和儿童。不过这只是作一个简单推断，顺便说说而已，如果要对此进行论证就要超出本书范围了。而且，对于熟知原始人心理的人来说多此一举，而对于那些对此一无所知的人来说又缺乏说服力。

现在，我将开始挨个分析我们可能在大部分群体中观察到的各种特征。

一、群体的冲动、易变和易怒

我们在研究群体的基本特征时讲过，群体几乎完全受潜意识支配。他们的行为往往只有脊髓参与，大脑思维几乎停滞。在这方面，他们与原始人非常相似。就执行力而言，他们的表现可以说是完美的。但是，执行过程中大脑思维并没有启动，**群体只是跟随外部刺激采取行动。群体只是所有外部刺激的傀儡，时时反映着外部刺激的无穷变化。**因此，群体完全受外部刺激的支配。个体独立时，可能也会像处于群体中时那样遭受相同的刺激，但是大脑会向他指出任由刺激摆布的危害，因而不会任由刺激左右。从心理学角度表述，就是个体独立时有掌控自己行为的能力，而群体没有。

群体服从的冲动，随着外部刺激不同，可以是宽厚的，也可以是残酷的，可以是英勇的，也可以是怯懦的，但无论哪一种，冲动都是如此迫切和强烈，以至于个人利益或自我保护意识都无法压制它。**能对群体产生影响的外部刺激多种多样，而

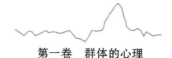

群体又总是受它们驱使，因此群体极为易变。这就解释了为什么我们可以看到，群体瞬间能从最血腥残暴变得最英勇仁慈。群体很容易变成刽子手，也同样很容易慷慨就义。每一种信仰获得胜利所必须流的血，都是从群体的胸口流出。要想知道群体在这方面的能耐，不需要回到英雄年代。他们在暴动中，从来不吝惜自己的生命。就在不多年前，一位将军①突然得到广大群众拥护，只要他需要，就能轻易找到千万人为他赴汤蹈火。因此，可以说群体根本不会进行预先谋划。

群体可以在两种完全相反的情感之间移转，不过他们永远受当下外部刺激影响的支配。他们就像被飓风吹起的树叶，四处乱飞，然后落下。在下面对革命群体的研究中，我们将举几个群体情感易变的例子。

群体的易变性使其非常难以管控，特别是当一部分公共权力落到他们手上时。如果日常生活的必要规则失去其看不见的约束力，民主制度就绝对无法持续。群体即使狂热地追求某种东西，这种追求也不会持续太久。他们既没有思考能力，也同样没有持久的意志力。

群体不仅冲动和易变，还像野蛮人一样，无法容忍其愿望实现过程中存在障碍。并且，由于人多势众让他们感到自己无所不能，就更加强了这种倾向。对群体中的个体来说，没有"不可能"三个字。个体独立时很清楚，他单靠自己是不可能烧

---

① 这里应该指布朗热（Boulanger，1837~1891）将军，19 世纪 80 年代法国著名的军事家、政治家。布朗热将军曾在法国掀起过"布朗热运动"。详情请参考后面"布朗热运动"的脚注。——译注

宫殿、抢商店的，即使有这种想法，也能轻易抵制这种想法的诱惑。但是，一旦成为群体中的一员，一种由人数带来的力量感油然而生，只要暗示他去杀人和抢劫，他就会立即付诸行动。任何障碍都会被疯狂摧毁。如果人体允许一直处于狂暴状态的话，那么可以说，受到阻碍的群体会一直处于狂暴之中，狂暴才是他们的正常状态。

在群体的易怒、冲动、易变以及我们将会研究的所有群体的情感中，总有种族基本性格的渗透，它是我们所有情感萌生的永恒土壤。毫无疑问，所有群体都是易怒和冲动的，但是程度却大不相同。比如，拉丁民族群体和盎格鲁-撒克逊①民族群体之间的区别就非常明显。我们最近发生的一些历史性事件就提供了生动说明。就在 1870 年，当时只公布了一份大使受辱的电报②，就引爆了众怒，即刻导致一场可怕的战争爆发。几年之后，一份在越南谅山打了次小败仗③的电报，再次点燃民众怒

① 盎格鲁-撒克逊通常是指盎格鲁和撒克逊两个日耳曼部落结合的民族。大部分英美人是其后裔。——译注
② 1870 年 6 月 25 日，西班牙女王宣布退位，西班牙政府请求普鲁士国王的堂兄继任西班牙国王。若如此，法国将被德意志统治者霍亨索伦家族夹在中间，因此坚决反对。虽然普鲁士国王的堂兄已宣布放弃王位，但法国驻普鲁士大使受命，在埃姆斯进一步要求普鲁士国王向法国做出放弃王位保证。普鲁士国王将交谈内容发电文告知普鲁士首相俾斯麦。俾斯麦想要挑起两国战争，统一德意志，所以故意修改电文，强调法国对普鲁士国王的再三逼迫，并改写国王态度，强硬表示普鲁士国王不再接见法国大使。德意志和法国各大报纸均刊登此电文，称"埃姆斯密电"。德意志民众因法国得寸进尺而愤怒，法国民众因堂堂法国大使竟遭小小普鲁士拒绝而感觉受辱并激愤。1870 年 7 月 19 日，法国对普鲁士宣战。普法战争就此爆发。——译注
③ 1883 年 6 月，越南新登基皇帝与法国签订《第一次顺化条约》，正式确定越南全境为法国的保护国。此条约激怒了越南人，北圻越军与黑旗军、清军一起抗击法军，中法战争正式爆发。战争爆发后，清军连战皆败，但 1885 年 3 月战局发生反转，冯子材镇南关大捷并夺回北越战略要地谅山，最终导致法国茹费里内阁垮台。——译注

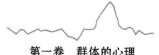

火，导致政府顷刻垮台。然而同一时期，英国远征军在喀土穆①遭遇了更为惨烈的失败，却没有在英国激起什么反应，并没有内阁因此倒台。群体性格处处都像女人，但最像女人的是拉丁民族群体。**依靠群体确实可以快速攀登胜利高峰，但如果总行走在塔庇阿悬崖②的边上，总有一天会被推下去。**

二、群体易受暗示并且轻信

我们在给群体下定义时曾说过，他们的一个普遍特征是极易受暗示，并且在所有人类群体中，暗示非常具有传染性。这解释了群体的情感为何能迅速朝一个方向转变。

我们假设群体的态度开始是中立的，因为群体确实更多时候处于观望状态，这使得他们更容易受到暗示。最初一个暗示产生，并通过相互传染进驻每个人的心里，这样，群体的情感方向很快就能确定。就像所有受到暗示的人一样，入侵并占据了心灵的想法很容易转化为行动。不管是烧宫殿还是英勇献身，群体都是一样的果断坚决。一切都取决于群体遭受的外部刺激的性质，他们不再像独立时那样，考虑的是实施该行动与反对

---

① 喀土穆战役，是苏丹共和国马赫迪起义军为夺取首都喀土穆同英国殖民军进行的战役。1884 年 8 月，4 万起义军包围喀土穆，截断英军退路。同年底，赶来解围的英军遭起义军拦击。1885 年 1 月 26 日，起义军在英援军赶到之前先向喀土穆发动总攻，直捣总督府，全歼英军，苏丹总督戈登被刺死。——译注

② 也叫塔尔皮亚岩石（La roche Tarpéienne），是罗马卡庇托尔山南的一处陡峭悬崖，俯瞰着古罗马广场。据古罗马历史记载，一名叫塔尔皮亚的女孩掌管着卡庇托尔山，因为贪恋敌人珍宝而出卖罗马。女孩将敌人引入山上后，却被敌人杀害并从此处悬崖扔下去，悬崖因此得名。后来成为罗马共和国统治时期处决罪犯的地方，罪犯一旦被定罪，就会被从悬崖上推下去。——译注

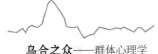

实施该行动的全部理由的潜在收益对比。

群体总是处于无意识状态，因此极易受暗示支配。他们还拥有那些无法诉诸理性的人所特有的全部粗暴情感，完全没有批判精神。因此，**群体极其轻信。对他们来说，没有什么是不真实的。**记住了这一点，才能理解为何一些最难以置信的神话和传说能产生并广泛流传①。

那些能在群体中轻易传播的神话之所以能产生，并不只是群体完全轻信的结果，也因为群体的想象力使事件大幅变了样。群体亲眼目睹的一个最简单事件，很快就会变得面目全非。**群体的思维方式主要是形象思维**②，事件留在他们脑中的形象会再激发一系列与最初形象没有任何逻辑关系的新形象。其实，这一点也很好理解，因为我们有时也会随便想到一件什么事，随后就在脑中引出一连串奇怪的联想。理性告诉我们新联想与原来的事情已没有关系，但是群体根本看不到这一点。他们把脑中已跑偏的形象与最初事实混为一谈。**群体根本不会区分主观与客观。**他们把脑中想象出的新形象当作事实，虽然这些新形象与他们目睹的事实已相差十万八千里。

因为构成群体的个体有各式各样的性格，所以他们歪曲自

---

① 群体轻信最离奇虚妄的事情，经历过巴黎被围的人，应该见过很多相关的例子。楼上点燃一支蜡烛，都会立刻被当作发给围攻者的信号，尽管只要想两秒就能知道，这么微弱的烛光，是不可能让分散在远方多处的围攻者都看见的，所以怎么可能把蜡烛当作行动开始的信号呢！——作者注

② 与逻辑思维相对。逻辑思维是人们在认识事物的过程中借助于概念、判断、推理等思维形式反映客观现实的理性认识过程，又称抽象思维。形象思维是凭借头脑中储有的事物的表象信息进行思维的方式。形象思维具有形象性、非逻辑性、粗略性和想象性的特点。其中，想象是思维主体运用已有的形象形成新形象的过程，所以，想象性使形象思维具有创造性的优点。——译注

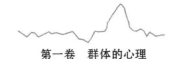

己亲眼目睹的事件的方式似乎也应该千差万别、多种多样。但事实并非如此。由于群体成员间相互传染，所有人歪曲事实的方式一样，歪曲的结果也一致。群体成员对事实的第一次歪曲是成员之间相互传染的暗示的核心。圣乔治① 显现在耶路撒冷墙上，被所有十字军看见之前，肯定是其中有个人最先"看见"了他。**通过暗示和传染，只有一个人"看见"的影像立即成了所有人"见证"的奇迹。**

这通常就是历史上经常出现的集体幻觉的诞生机制。这些集体幻觉似乎具有事实的一切典型特征，因为是成千上万人见证的现象。

要对抗这种集体幻觉，不应该指望群体成员的智力发挥作用。智力在这种情况下已失去作用。**从他们成为群体一员开始，文盲和文化人同样都失去了观察力。**

这个结论似乎不合常理。要充分证明它，必须列举大量史实，否则，再写多少本书来阐释都没有用。

既然不想给读者留下空口无凭的印象，所以我会在无数可以引以为证的实例中随机选取几例。

以下事件是最典型的实例之一，因为该事件中受集体幻觉侵袭的群体，是由各式各样的人员构成的，有最愚昧无知的，

---

① 圣乔治是古罗马军队中的一个骑兵军官，大约于公元 260 年出生于巴勒斯坦。因为信仰基督教，公元 303 年被罗马帝国皇帝下令处死。100 多年后，公元494 年教皇将乔治追封为圣者，之后就传出了"乔治屠龙"的神话故事。在圣乔治殉教之后 800 年，就是十字军东征的那个年代，整个黑暗的社会需要积极向上的骑士精神来支撑，圣乔治就变成了一个保护神。相传就在一场重要的战斗之前，十字军中有人看见了圣乔治，接下来十字军就打了胜仗。——译注

也有最博学多才的。这件事是一个名叫朱利安·费利克斯（Julien Félix）的海军上尉在他讲海流的书中顺带提到的，《科学杂志》还曾转载了这个故事。

护卫舰"美女号"（Belle-Poule）正在海上搜寻在风暴中与它失散的轻型护卫舰"小摇篮号"（Berceau）。当时正值大白天，阳光灿烂。突然，瞭望员示意发现了正随波漂流的救生艇，随即所有船员的目光都转向瞭望员示意的方向。然后所有人，包括军官和士兵，都清楚地看到一只载满人的木筏被几只发出遇难信号的救生艇牵引着。然而，这不过是一个集体幻觉。当时海军上将德斯弗斯（Desfossés）即刻派出一艘救生艇飞速前往营救。在前往过程中，军官和士兵们都表示"看见所有人激动不已，伸出了手，并且隐约听到杂乱的呼救声"。但当救生艇抵达时，却发现面前只是几根长满树叶的树枝，是从临近海岸飘过来的。面对如此明显的事实，所有人的幻觉消失了。

这个例子清楚地展示了此前解释过的集体幻觉的诞生机制。一方面，群体处于观望状态；另一方面，瞭望员暗示海上漂着遇难船只，这个暗示通过相互传染，被在场的所有军官和士兵都接受了。

一个群体不需要太多人，就可以摧毁成员正确看到眼前发生的事情的能力，让完全无关的幻觉取代真相。几个人聚在一起，就可以构成一个群体。即使全是些杰出的学者，在面对他们专业领域之外的问题时，也会表现出群体的所有特征。每个人都拥有的观察能力和批判精神很快会消失。敏锐的心理学家达维先生（Davey）为我们提供了一个奇特的案例，最近的《心理学年鉴》对此进行了报道，这里值得一提。达维先生曾召集

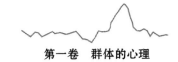

一群杰出的观察者，其中包括英国顶尖学者华莱士（Wallace）。达维先生让观察者们随意检查物体，并可以在物体上随意做记号。之后，当着他们的面演示一些经典巫术，比如灵魂现形、石板显字等。后来，这些杰出的观察者在各自的报告中都肯定表示，他们观察到的现象只能通过超自然方法实现。达维先生却表示，这些现象不过是用了一些最简单的骗术。报道中说："达维先生实验中最令人吃惊之处，并不是骗术本身有多么神奇，而是不懂行的目击者提供的报告有多么不靠谱。因此，达维先生表示，目击者可能会提供大量肯定却完全错误的描述。如果我们把他们的描述当作事实，那么结果就是不能用骗术来解释他们描述的现象，只能称其为超自然现象了。达维先生发明的方法如此简单，不免令人惊讶他竟有胆量采用这种方法。不过他有一种影响群体头脑的强大能力，可以令他们相信自己看到了并没有看到的现象。"这一直是催眠师对被催眠者才有的影响力，但当看到这种影响力也可以用在一些才智卓越的人身上，并且事先还让他们保持了怀疑态度时，我们可以想象让普通群体产生幻觉是多么容易的事情。

　　类似的案例数不胜数。就在我写这几行字的时候，报纸上正充斥着两个在塞纳河溺死的小女孩被打捞上岸的消息。这两个孩子先是被十几个目击者坚定地认出了身份。众口一词，预审法官不再有任何疑虑，便签发了死亡证明。然而，就在准备埋葬她们的时候，人们意外发现，之前指认的身份并非这两个溺死女孩的真实身份，因为人们指认的那两个身份的女孩还好好地活着，而且长得与这两个溺死女孩一点不像。就像之前的几个案例一样，**第一个受幻觉欺骗的目击者做出的明确断言，**

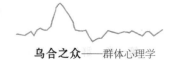

足以对其他所有人起到催眠暗示的作用。

在这些类似的案例中，暗示的起点永远是某个人因模糊不清的记忆产生幻觉，这个幻觉一经断言后就会传播开去。如果第一个目击者过于敏感轻率，只要尸体呈现出一些能让他联想到某个人的特征，比如一个伤疤或者某个服饰细节，那么在还没有辨认出真正相似之处的情况下，他就会将尸体认作这个人。

这个联想可能就会成为群体间流传的某个结论的核心。这个结论会侵袭所有人的大脑，并麻痹所有判断力。**目击者看到的，不再是事物本身，而是他脑中唤起的某个形象。**这也解释了为何孩子的母亲也会认错尸体，当时的情况正如下面记述的，虽然已经过去很久，但最近报纸还在报道，从中我们可以看到之前解释过的集体幻觉诞生机制中暗示的两个要素。

"另一个小孩认出了其中一个孩子，但他弄错了。于是，一系列错误的辨认就此展开。

然后，人们就看到了一件特别奇特的事情。就在这个小学生把尸体认出来的第二天，一个女人大喊：'啊！上帝啊！这是我的孩子。'

人们把她带到尸体旁。她查看了尸体的衣服，又看了看前额的伤疤。'就是他，'她说，'我可怜的儿子①，他是去年7月失踪的。一定是有人把他从我身边拐走然后杀害的。'

这个女人是福尔街上的一个看门人，名叫夏旺德雷。人们

---

① 此处不知是不是作者笔误，因为前面提到两个孩子是女孩，这里又说是儿子。也有可能是人们真的连孩子性别都认错了。——译注

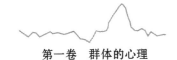

找来她的姐夫①，她姐夫也毫不犹豫地说：'这就是小菲利贝尔。'那条街上的几个居民也都认出在维莱特找到的孩子就是菲利贝尔·夏旺德雷，更不要说他的小学老师。那个老师是根据孩子佩戴的奖章将其认出来的。

　　然而，邻居、姐夫、小学老师和母亲都弄错了。6 周以后，孩子的身份确认了。这是一个波尔多的孩子，在波尔多被杀害然后运到巴黎来的"。

　　我们注意到，做出这类错误指认的往往是女人和儿童，确切地说就是思维最简单，最易受他人影响的人。同时这件事也让我们意识到，这样的证词在法庭上到底价值几何。尤其是儿童，他们的证词绝对不能采用。法官总是说，人尽皆知，人在这样的年纪是不会说谎的。但只要稍微懂一点心理学皮毛就会知道，正好相反，人在这样的年纪几乎总是在说谎。无疑，这种说谎是无心的，但仍然改不了其说谎的性质。在审判被告人时，与其像多次采用的做法那样依据一个儿童的证词，不如靠抛硬币的方法，或许能得到更合理的判决结果。

　　再回到群体的观察力这个问题上，我们的结论是群体的观察结果是最不可信的，因为它往往是其中某个人的幻觉，通过传染，暗示给了其他人。我们可以举无数事实，来证明为何要对群体的证词表示最深的怀疑。1870 年，成千上万人参加了著

---

　　① 法国人将姐夫、妹夫、大伯、小叔、内兄、内弟等统一称作 beau-frère，直译是帅兄弟。与之相对的称呼是 belle-sœur，直译是漂亮姐妹。所以此处具体是什么关系，无法确定。——译注

名的色当①骑兵突围，然而，众多参与者给出了完全矛盾的说法，以至于后来人根本搞不清楚这次突围到底是由谁指挥的。英国将军沃尔斯利②在最近出版的一本书中证实，迄今为止人们对著名的滑铁卢战役的某些环节，仍然存在重大误解，即便这些环节经过了当时数百名亲历者异口同声的证实③。

通过这些事件，我们知道了群体的证词究竟价值几何。有些逻辑学论文会引用大量目击者的一致证词来作为论据，似乎这才是我们可以用来证明某个事件真实性的最可靠证据。但是群体心理学告诉我们，在这一点上，这些逻辑学论文完全需要重写。最值得怀疑的事件一定是那些目击者最多的事件。如果说某件事是成千上万目击者同时见证过的，这往往意味着事件的真相与目击者所说的相去甚远。

上述情况表明，应该把史书当作纯粹想象的产物来看待。

---

① 发生于普法战争时期。1870 年 7 月 19 日，法国对普鲁士宣战，8 月 2 日，法军闯入德意志境内，遭到普鲁士军队迎头痛击。此后，法军接连败北，战场完全转入法国境内，拿破仑三世与麦克马洪率领的军队退守色当。9 月 1 日，色当会战开始。9 月 2 日，拿破仑三世宣布投降。拿破仑三世及其麾下的军队全部做了普军的俘虏。这次战役标志着法兰西第二帝国的灭亡和德意志帝国的建立，更标志着日耳曼民族成了一个整体，并以独立的姿态屹立于世界民族之林。——译注

② 加尼特·约瑟夫·沃尔斯利（Garnet Joseh Wolseley，1833~1913），也译作吴士礼，英国 19 世纪下半叶著名军事人物。曾参与过多次战争，包括第二次鸦片战争，当时担任英军总司令。——译注

③ 我们真的准确知道哪怕一场战役的发生过程吗？我强烈表示怀疑。我们知道谁胜了，谁败了，但可能仅此而已。作为参与者和见证人的阿尔库尔先生就索尔菲利诺战役作的报告，可能适用于所有的战役："将军们递交了他们的正式报告（当然是征集了上百份证词后）。负责转交的军官进行了修改并撰写了最终报告。接着，参谋长对它提出质疑并进行了修改。报告呈送给元帅，元帅大喊：'你们全搞错了！'他又重新撰写了报告，此时的报告已与最初的报告没有一点相似之处。阿尔库尔先生讲述的这件事可以证明，即使是最明显、看得最清楚的事件，也存在搞不清楚真相的可能。"——作者注

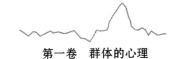

它们只是一堆对并没有看清的事件的随心所欲的描述，以及一些事后的自以为是的解读。拌石膏都比花时间写这样的书来得有用。如果历史没有给我们留下文学、艺术和建筑方面的巨作，我们根本无法知道真正的历史是什么样子。那些人类历史上举足轻重的伟大人物，比如赫丘利①、佛陀、耶稣和穆罕默德，有关他们的真实生活我们能了解一个字吗？不太可能。其实，他们的真实生活如何，对我们一点不重要。我们有兴趣了解的，是民间神话塑造的伟人。**征服群体心灵的，是神话般的英雄，而非真实的英雄。**

不幸的是，这些神话传说即使被书籍记载下来，也不具任何可靠性。群体的想象力会随着时代变化，尤其是种族不同，而不断改变这些神话传说。《圣经·旧约》中血腥残暴的上帝耶和华与圣女特蕾莎②的仁爱上帝截然不同，中国人崇拜的佛陀与当年印度人尊奉的佛陀也有了天壤之别。

甚至不需要经历几个世纪的时间，这些英雄的事迹就可以被群体的想象力改得面目全非。有时，这个改变只需几年。在我们这个时代就能看到，有史以来最伟大的英雄之一的相关传说，在不到50年的时间里被一改再改。波旁王朝时期，拿破仑

---

① 在古罗马宗教和神话中，赫丘利（Hercule）是一位英雄的神化。罗马人将希腊神话中最伟大的英雄赫拉克勒斯（Hercles）的形象融入赫丘利，将赫丘利改编成了具有罗马特性的一位神话英雄。——译注

② 法国19世纪最著名的修女"圣女特蕾莎"（St. Thérèse），亦译作"圣女德肋撒"。如今享誉世界的特蕾莎修女原名艾格尼斯·刚察·博加丘，是阿尔巴尼亚裔人。1931年，特蕾莎正式成为天主教修女，1937年5月决定成为终身职业修女，并依法国19世纪最著名的修女"圣女特蕾莎"的名字和精神，改名为特蕾莎修女。——译注

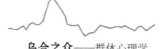

被描述为一个淳朴、博爱、崇尚自由的人，是穷人的朋友，按
诗人的话说，茅屋下的穷人们会对他久久不能忘怀。30 年以
后，这位温厚的英雄变成了人们口中的血腥暴君。他篡夺权力，
剥夺人民自由，仅为满足自己野心就让 300 万人丧了命。到了
如今，这个故事又发生了新的变化。几十个世纪以后，未来的
学者在面对这些前后矛盾的记述时，可能会怀疑这个英雄是否
真实存在过，就像人们有时会怀疑佛陀是否真实存在过一样。
他们可能只把拿破仑当作一个灿烂的神话，或赫丘利神话的后
续。当然，他们不容易为这种不确定感到苦恼，因为他们对群
体心理学的认识一定远远超过今天的我们，**所以他们知道，能
在历史中永存的只有神话。**

三、群体情感的夸大与简单

群体的情感无论高尚或卑劣，都会呈现出极端简单和夸大
的双重特征。在这一点上，就像在其他很多方面一样，**群体中
的个体很接近原始人。他们都是笼统地看待事物，看不出事物
的细微区别，也看不到事物的过渡状态。在群体中，表露出来
的某种情感，通过暗示和传染的方式迅速蔓延，由于得到明显
的认可，这种情感的力量会显著增长，情感的夸大因此得到
强化。**
　　**群体情感的简单和夸大使得群体既不懂得怀疑，也不知道
犹豫。就像女人，分分钟走极端。**只是一句猜测，会立刻被她
们当作确凿的证据。个体独立时，即使厌恶或者反对的情绪出
现，也不会像处于群体中的个体那样，立即将其转化为强烈的

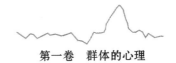

仇恨。

群体暴力的一面，会因为责任感缺失而得到加强，尤其是异质群体。他们确定自己不会遭受惩罚，而且群体人数越多，这种确定感就越强烈。并且由人多势众带来的暂时的力量感，也会加强群体这种不会遭受惩罚的信念，使独立个体不可能产生的情感和行为在群体中都成了可能。**在群体中，白痴、文盲和嫉妒鬼都能摆脱无用、无能的感觉，代之以一种短暂却强大残暴的力量感。**

不幸的是，**群体中得到夸大的情感往往是卑劣的情感，这是原始人本能的残留**，独立而有责任感的个体会因为害怕处罚而加以抑制。正是这个原因导致了群体极易做出最坏的事情。

然而，这并不意味着群体不能表现出英勇、无私以及其他高尚的品质。只要加以巧妙暗示，他们甚至可以表现得比个体独立时更好。我们很快有机会在群体的道德研究部分，再回到这个话题上。

由于情感总是夸大，所以群体只能被极端的情感打动。演讲者要想说动他们，必须言辞激烈。**夸大其词、妄下断言和不断重复是民众集会上演讲者们深谙的演说技巧，他们绝不会尝试用推理的方式进行演说。**同样地，群体也要求夸大英雄们的情感。英雄身上的优点和美德总是被放大。有人说得对，剧场里的观众群体总是要求戏剧的主角同时具备生活中根本不现实的勇气、道德和其他优秀品质。

人们探讨过戏剧特有的视觉效用。这种视觉效用确实是存在的，但它的成功法则却与道理和逻辑无关。与群体对话的艺术无疑是低级的，但也需要特别技巧。很多大获成功的剧本，

很难让人在阅读时领会到它成功的点在哪里。剧院经理在拿到剧本时，对剧本能否成功往往也没有把握。因为，**要做出这种判断，必须能换位到群体的角度思考**①。如果继续探讨下去，我们将说明种族在这方面的绝对影响力。有时，在一个国家受到民众狂热追捧的戏剧，在另一个国家却反响平平或者只获得一些出于尊重和礼节的成功。因为它并没有触及新观众的心灵，搔到新观众的痒处。

群体夸大的只是情感，而非智力。对于这一点，我无须再补充说明。因为我之前已经说过，人一旦结群，智力水平就会立即大幅下降。这是塔尔德（Tarde）先生在他的群体犯罪研究中也证实了的。因此，群体的情感要么特别高尚，要么特别卑劣。

四、群体的偏狭、专横和保守

群体只懂得简单、极端的情感。暗示给他们的观点、想法和信仰，他们不是当作绝对真理全盘接受，就是当作绝对谬误全盘否定。通过暗示方式产生的信仰总是如此结局，因为它们

---

① 这向我们解释了为什么有的剧本被所有剧院经理拒绝了，却可以在后来偶然的演出机会中获得惊人成功。我们知道科佩先生大获成功的戏剧《为了王冠》，曾被所有一流剧院的经理拒绝长达十年，尽管它的作者是著名的科佩。《夏雷的教母》也被所有剧院拒绝过，后来在一个股票经纪人的资助下上演，最终在法国上演了200场，在英国上演逾千场。如果不是像上面解释的那样，是因为这些剧院经理无法换位到群体角度思考问题，那么将无法解释为什么这些既专业又谨慎，并且竭力避免犯下如此大错的人，竟会做出如此错误的判断。我们无法再对这个话题作进一步展开，但它值得再详尽探讨一番。——作者注

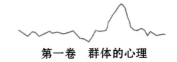

不是通过理性思考得来。我们都知道宗教信仰是多么偏狭，它们对人心实施了多么专制的统治。

群体对于他们所谓的真理或谬误不带任何怀疑，同时又深感自己力量强大，所以群体表现得既偏狭又专横。个人可以接受反驳和争辩，群体却绝不容许。在公众集会上，演讲者只要稍微提出点异议，就会立刻招致怒吼和痛骂，并且只要演讲者继续坚持自己的观点，就不再是被骂而已，他会立刻被赶下台。如果不是当局执法者起到震慑作用，这些与公众意见相左的人多数会被杀害。专横和偏狭是所有类型群体的普遍特点，只不过程度差别很大。在这里，种族的基本心理会再次显现，主导人们的情感和思想。特别是拉丁民族群体，他们的专横和偏狭已达到了无以复加的程度，甚至完全摧毁了个人的独立精神，而这种独立精神在盎格鲁–撒克逊人身上是如此强大的存在。拉丁民族群体只在乎自己所属的那个集体的独立性。这种独立性的特点就是，要立即采用暴力的方式让所有异见者服从他们的信仰。拉丁民族群体，以及宗教裁判所① 设立以来的一些宗教会士和雅各宾党人②，对自由的理解从未有过任何提升。

---

① 13~19 世纪天主教会侦察、审判和裁决异端分子的机构。——译注

② 原文"les Jacobins"旧义是指天主教多明我会的修士和修女。多明我会又译"道明会""布道兄弟会"。1217 年由西班牙人多明我创立，1232 年受教皇委派主持宗教裁判所，残酷迫害异端。会士均披黑色斗篷，因此称为"黑衣修士"，以区别于方济各会的"灰衣修士"和加尔默罗会的"白衣修士"。后来也指法国大革命时期的雅各宾党人，他们因在一个名叫雅各宾的修道院集会，就用修道院的名字命名这个政治团体。雅各宾人奉行的雅各宾主义基于道德准绳，用道德取代法律，用整体意志完全湮灭个人意志，喊着平等、自由而建立最严酷的恐怖独裁，用直接的恐怖手段消灭一切有可能对社会整体造成威胁的潜在危险（摘自网络）。1793 年 6 月 2 日，雅各宾派推翻吉伦特派统治，取得政权，推行恐怖政治。政权仅维持一年多，就被热月政变结束。——译注

群体的专横和偏狭是非常明显的，群体很容易产生这种情感，也很容易接受并实践这种情感。**群体乖乖听命于强权，对仁慈无动于衷。对他们来说，仁慈只是软弱的表现。他们对宽厚的主子没有好感，反而崇拜严酷压迫他们的暴君。**他们总是为暴君竖起高高的塑像。如果他们有一天敢于践踏被推翻的暴君，那是因为一旦失去了权力，暴君就变回了弱者。人们蔑视他，因为人们不再怕他。群体追捧的英雄总是恺撒那样的。他的羽冠吸引他们，他的权威折服他们，他的利剑震慑他们。

群体随时准备推翻虚弱的政权，却对强权卑躬屈膝、俯首帖耳。如果统治者的控制力时断时续，那么总是受极端情感支配的群体也会随之不停在革命者和被奴役者之间切换身份。

但是，如果认为群体身上占主导的是革命的本能，就一定是因为不了解群体心理学。只是他们的暴力程度让我们在这一点上产生了错觉。群体反抗和搞破坏的时间总是非常短暂的。群体过于受到潜意识支配，因此会过于受到久远以来遗传的东西的影响，因而，说他们再保守也不为过。

如果放任他们不管，他们很快就会厌倦这种混乱状态，然后本能地趋向被奴役。当拿破仑剥夺一切自由权利，强力展示其铁腕时，最热烈欢呼、鼓掌的恰恰是那些最傲慢、最执拗的雅各宾党人。

如果我们没有充分考虑到群体的本能是极端保守的，就很难理解历史，尤其是民众的革命史。他们非常热衷于改变各种制度的名字，有时为了实现这种改变，甚至采用暴力革命的方式。但是，这些制度本质上代表着种族世代相传的需求，所以，他们最终还是会回到这些制度上来。他们不断改变的，不过是

事物的表面。事实上，他们的保守本能就像原始人一样顽固。他们对传统有着完全盲目的尊重，对所有可以改变他们现有生存状态的新事物都怀有本能的恐惧。如果在发明纺织机、蒸汽机和铁路的时代，民主观念也具有今天这般强大的力量，那么这些发明都不可能实现，或者必须付出革命或杀戮的惨重代价才能实现。对文明进步来说，幸运的是，民众的力量是在这些科学大发现和工业大发明实现之后才崛起的。

五、群体的道德

如果我们把"道德"一词理解为恒久遵守一些社会习俗，持续抑制内心自私的冲动，那么很显然，过于冲动和易变的群体是没有道德的。但是，如果我们在"道德"这个词的含义中，加入一些暂时出现的品质，比如忘我、忠诚、无私、自我牺牲、追求平等，那么我们可以说，刚好相反，群体有时拥有非常高的道德。

少数几个研究过群体的心理学家，都只是从群体犯罪的角度着手。看到他们如此频繁地实施犯罪，这些心理学家肯定认为他们道德水平十分低下。

无疑他们经常犯罪，但这是为什么呢？很简单，因为凶残和破坏是原始时代遗留下来的本能，它藏在我们每个人内心深处。个体独立时，满足这种本能是危险的，而一旦加入不用负责的群体，认定自己不会遭受惩罚，就会放任自流地跟着本能走了。通常，我们不能将这种破坏本能用在同类身上，只好拿动物撒气。人们普遍热衷狩猎，跟群体的凶残行径一样，都是

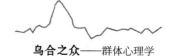

同一种心理在作祟。群体慢慢虐杀毫无防卫能力的人，表现出一种非常懦弱的残忍。从哲学家角度看，这种残忍与十几个人为了找乐子，成群结队带着猎狗追捕鹿并将可怜的鹿开膛破肚，没有什么不同。

群体会犯下杀人、放火和其他所有罪行，但他们同样也能表现出忠诚、自我牺牲和无私的高尚品质，而且比个体独立时还要崇高。**群体中的个体尤其容易被人们激发起荣耀、名誉、宗教和爱国的情感，并常愿为此牺牲自己的性命。**历史上像十字军东征和 1793 年征召志愿者这样的例子数不胜数。只有群体才具有如此伟大的无私奉献精神。

多少群体为了他们根本没有完全搞懂的信仰、思想或词句英勇就义。群体罢工更多只是为了服从指令，而非真的要求提高他们那微薄却也满足的薪水。个人利益很少成为群体的强烈动机，但这几乎是个体独立时唯一的行为动机。促使群体参与如此多战争的肯定不是个人利益。这些战争是他们的智力所不能理解的，但他们仍然像被猎人的镜子迷惑的百灵鸟[1]，轻易地在战争中献出了生命。

即使是十足的无赖，一旦成为群体的一员，也会暂时地恪

---

①《拉封丹寓言》（*La fontaine's fable*）中有一则寓言故事《老鹰、百灵鸟与捉鸟人》，它与这里稍稍有点关联——一个农夫用镜子设陷阱捉鸟，一只百灵鸟被镜中的身影引诱过来。一只老鹰在田野上空觅食翱翔，看到濒临危险却还在不停歌唱的百灵鸟，就朝百灵鸟猛扑过来。就在老鹰快要接近百灵鸟时，百灵鸟还没被农夫的险恶机关捉住，老鹰自己却被农夫的网给逮住了。"捉鸟人，求求您放了我吧，"鹰用飞禽的语言对农夫说，"我可从来没有损害过您的利益。"捉鸟人马上回答道："那么这只百灵鸟又几时加害过你？"——译注

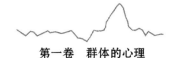

守一些严格的道德准则。丹纳指出，九月大屠杀①的屠杀者们把他们从受害者身上搜来的钱包和首饰全部交公，而他们原本可以轻易将其私藏起来的。那些在 1848 年革命② 期间咆哮着占领杜伊勒里宫的穷苦人民，却没有拿里面一件让他们眼花缭乱的珍宝，虽然其中任何一件都可以让他们大吃大喝好多天。

　　群体不会总是对个体起到这种道德提升作用，但这种现象也确实很常见。甚至在远没有我刚才说的那么激烈的情况下，也可以看到。我此前说过，群体要求剧院中戏剧的主角具备各种不现实的美德。与此同时，我们也会发现，现场的观众即便都是些低俗之人，他们在剧场中时也会表现得正经规矩。浪荡子、皮条客和流氓在面对有伤风化的戏剧场景或者听到什么轻佻的台词时，也会嘟囔抱怨，虽然这些和他们平时下流的言行相比，实在微不足道。

　　因此，即便群体常常受本能驱使，他们有时也会成为道德高尚的典范。如果说为了或虚幻或真实的理想而变得无私、顺

---

　　① 九月大屠杀是法国大革命期间屠杀囚犯的事件。1792 年 9 月 2 日，因在押的保皇党分子在狱中策划起事，巴黎的一群武装群众袭击了一批正在从一个监狱转到另一个监狱的囚犯。此后 4 天中，对囚犯的袭击事件扩大到巴黎城内其他监狱，以及凡尔赛、里昂、奥尔良、兰斯和其他一些地方监狱。5 天之内，约有 1200 名囚犯被杀。——译注

　　② 即法国的二月革命。1848 年 2 月 22 日，巴黎的工人、学生和市民举行了大规模游行示威。23 日，示威转为武装起义，推翻了七月王朝。24 日，起义代表组建临时政府。但资产阶级代表占据了临时政府的一切要职，革命果实被资产阶级窃取。资产阶级为了缓和矛盾，答应工人实行普选制，成立法兰西（第二）共和国。但是，背后却有一系列针对工人的恶毒谋划，甚至准备屠杀巴黎工人。6 月 22 日，愤怒的"国家工厂"工人游行示威。六月起义爆发。资产阶级以疯狂、残暴的手段对付无产阶级。1 万多名起义者被屠杀，两万多人被判处监禁、流放和服苦役。——译注

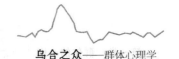

从并献身也算是一种美德的话，那么我们可以说，群体拥有这种美德的程度往往连最贤圣的圣人也无法企及。当然，他们践行这些美德是无意识的，但没有关系。我们不要过于指责群体总是处于无意识状态，没有理性思维。因为如果他们理性起来，只顾及自己的切身利益，那么在我们这个星球表面上，可能任何文明都发展不起来，人类也不会有那么精彩的历史了。

第三章　群体的观念、推理和想象力

提要：①群体的观念。基本观念和附属观念 / 矛盾的观念如何共存 / 高深的观念必须经过转化，才能为群体接受 / 观念的社会作用与该观念可能包含的真理无关。②群体的推理。群体不受逻辑推理的影响 / 群体的推理总是非常低级的 / 群体联想的观念之间只有表面上的相似性和顺承性。③群体的想象力。群体想象力的威力 / 群体通过形象思考，而这些形象之间没有任何联系 / 群体尤其会被事物的美好面打动 / 这些美好和传奇才是文明的真正支柱 / 民众的想象力永远是政治家权力的基石 / 能够触动群体想象力的事件是以何种方式呈现的。

一、 群体的观念

在上一本书中，我在研究观念在民族演化过程中的作用时曾指出，每一种文明都源于一小部分很少更新的基本观念。我们阐述了这些观念是如何在群体心里树立起来的，它们在进入群体心里时有多么艰难，以及一旦进入，它们的力量又有多么强大。最终，我们发现历史上的大动荡通常源于这些基本观念的变化。

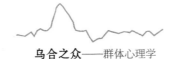

　　这个问题我已经阐释得足够清楚，无须再费唇舌。现在，我只谈谈群体可以接受的观念及其应该具有的形式。

　　我们可以将观念分为两种类型：一种是受一时影响产生的偶然的、暂时的观念，比如对一个人或一种学说的迷恋。另一种是由环境、遗传，以及舆论带来极大稳定性的基本观念，比如过去的宗教信仰，如今的民主和社会思想。

　　可以把基本观念想象成一条缓缓流淌的大河，暂时的观念则是河面上不停翻滚的小浪花，尽管对河水流淌本身并不重要，却比河水流淌本身更显眼。

　　如今，我们父辈秉持的一些基本观念已经摇摇欲坠。它们已失去其坚实根基，随之而来的是，建立其上的制度也遭受深深的震动。每天都会诞生很多我刚刚提到的暂时性小观念，但它们中很少有能发展壮大并获得主导性影响力。

　　不管给群体暗示什么观念，这些观念要想占据主导，只能以特别简单和绝对的形式。因此，它们便以形象的方式呈现，也只有通过这种方式才能为群体所接受。这些形象化的观念之间，不存在任何相似或顺承的逻辑关系。它们可以相互替换，就像魔法灯①的玻璃片，只是放映员从抽屉里层层叠放的玻璃片中随机抽取出来的。这就解释了为什么一些最矛盾的观念可以同时并存于群体之中。群体脑中储存了各种基于他们理解能力的不同观念。当下的情况决定了群体受其中哪种观念影响。

――――――――――――

　　① 1640年，一个名叫奇瑟的耶稣教会教士发明了一种叫魔法灯的投影仪。也就是将图像画在玻璃片上，通过油灯或蜡烛将玻璃片上的图像投射在墙面上。这是投影仪、幻灯机的前身。——译注

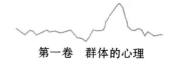

因此，群体可以做出完全矛盾的行为。他们批判精神的完全缺失，导致他们意识不到这种矛盾。

这不是群体独有的现象。我们发现很多独立的个体也存在这种情况。不仅是原始人，也包括那些思想的某一方面与原始人相似的人，比如某些宗教派别的信徒。我在一些高学历的印度人身上就看到了这种奇怪现象。他们在我们欧洲的大学接受教育并取得各种学位。他们在他们世代承袭的、根深蒂固的宗教或社会观念上，叠加了一些与前者没有丝毫联系的西方观念。但只是叠加，后者丝毫没有改变前者。当下的情况决定了哪种观念显现，随之而来的是与该观念相应的言行举止。因此，同一个人可以表现出极其矛盾的言行。不过，这种矛盾只是表面的，而非实质的，因为个体独立时，只有世袭观念才足够强大到成为其行为动机。只有在跨种族婚配中，人夹在不同的世袭观念之间时，才会真正做出完全矛盾的行为。这里没有必要继续讨论这个现象，尽管它从心理学角度讲非常重要。我认为，至少要旅行和观察十年才能搞懂它。

观念只有具有极为简单的形式，才能为群体所接受。所以，**一个观念要想被大众普遍接受，通常需要经过彻底转变。特别是在涉及一些比较高深的哲学或科学思想时，必须将其彻底改变，层层降级到群体可以理解的水平才行。**这个改变取决于群体的类型，以及群体所属的种族。但**无论针对什么样的群体，都是要将观念缩减和简化。**所以，从社会角度讲，并没有观念的等级之分，也就是没有观念的高下之别。因为一个观念无论多么伟大和正确，只要能被群体接受并对其行为产生影响，它就会被剥夺使之崇高和伟大的一切成分。

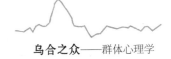

另外，从社会角度讲，对观念进行等级区分并没有意义。**观念能产生的效果，才是值得考虑的**。中世纪的基督教信仰、上世纪的民主思想、如今的社会理念，都不是很崇高。我们只能从哲学角度把它们当作不幸的错误来看待。然而，它们的影响力无论是在过去还是在将来，都非常巨大。它们将在很长一段时间内作为主导国家行为的最根本因素存在。

然而，观念即使为了被群体接受而经受了改造，也只有通过我将另行研究的各种方法，深入到群体的潜意识并且转变成一种情感，才能发挥作用。这个转变过程通常非常漫长。

另外，不要以为一个观念能发挥作用，仅仅是因为这个观念被证明是正确的，即便在学问高深的人那里也是如此。最清晰的论证却对大部分人产生不了什么影响，只要看到这一点，就可以快速理解这个道理。事情如果非常确凿明显，可能会被受过良好教育的人接受。但是这个刚刚转变了观念的人，很快就会被他的潜意识拉回到最初的认知上。过几天再看他，他会重新拿出他过去的论断，跟过去完全是一模一样的说法。其实，这是因为他仍处在过去观念的影响下，这些观念已然转变为一种情感，极为牢固。只有这种观念，才会对我们言行的深层动机产生影响。

一个观念一旦通过各种方法终于进入了群体的心里，它就拥有了不可战胜的力量，并产生一连串影响。那些导致法国大革命的哲学观念花了差不多一个世纪，才走进群体的心里。这个观念一旦确立，就变得势不可当。整个民族为了争取社会平等，实现抽象的权力和理想化的自由，让所有王座摇摇欲坠，深深动摇了整个西方世界。长达 20 年时间里，各民族相互残

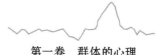

杀，欧洲经历了连成吉思汗和帖木儿都会胆寒的大屠杀。世界还从来没有哪一种观念可以引发如此程度的社会动荡。

观念要走进群体的心里并扎根，需要很长时间，同样，要把观念拔除也需要很长时间。因此，从观念角度说，群体总是比学者和哲学家落后好几代人。今天，所有政治家都知道我刚才提到的那些基本观念包含着多少谬误，但是由于它们的影响力依然巨大，所以政治家们不得不依据相应的原则来管理国家，尽管他们自己已不再信奉。

二、群体的推理

我们不能说群体绝对没有推理能力，或者绝对不受推理的影响。但是，从逻辑角度说，群体采用的论证方式，以及能影响到他们的论证方式是如此低级，以致只能称其为"山寨推理"。

正如高级推理一样，群体的低级推理也是以联想为基础。但是，群体联想出来的观念之间只有表面的相似性和顺承性。他们联想的方式就像因纽特人。因纽特人凭经验知道冰是透明的，放到嘴里会融化，便因此推断同样透明的玻璃，放到嘴里也会融化。或者像野蛮人一样设想吃掉勇敢敌人的心脏，就可以获得那份勇敢。又或者像有的工人一样，被一个老板剥削就即刻推断所有老板都是剥削者。

群体推理的特点是，将没有根本联系、只有表面联系的事物联系起来，以及将个案普遍化。那些懂得操控群体的人，总是对他们采用这种推理方式。也只有这种方式才会对他们起作用。对群体来说，一系列逻辑严密的推理论证是无法理解的。

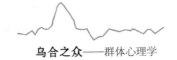

这就是为什么说群体不会推理或者只会进行山寨推理，以及推理对他们不起作用。我们有时会惊讶地发现，阅读起来很没有说服力的演讲稿，却在听众中引起了巨大反响。别忘了，它们本来就是用来说服群体的，不是供哲学家研读的。演讲者在与群体交流时，必须要唤起一些可以打动他们的形象。如果成功做到这一点，他的目的就可以达到。20卷事后打磨的演讲稿，也比不上当场被听进去的几句话有效力。

群体没有推理能力，因此，也就不具任何批判精神。也就是说，群体无法辨别是非，无法对事物做出准确的判断。关于这一点，无需再多言语。群体对事物的判断都是被强加的，从来不是经过辩论得出的结果。在这方面，跟群体一样的人有很多。有些观点能够迅速普及，就在于大部分人都无法基于自己的逻辑推理得出自己的判断。

三、群体的想象力

跟所有没有推理能力的人一样，群体的想象力非常强大、活跃，且非常容易被触动。一个人、一件事或一个意外在他们脑中唤起的形象，几乎跟真实的事物一样鲜活。群体有点像一个睡着了的人，理性暂时中断，只处于一个高度的意象世界。只要一恢复思考，这些意象就会快速消失。群体不会思考，不会推理，也不知道什么叫不真实。或者可以说，往往最不真实的事才最能打动他们。

因此，**总是事件最美好、最传奇的一面最能打动群体。**我们分析一种文明时就会发现，其实美好和传奇才是一种文明真

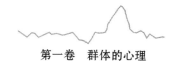

正的支柱。历史上，表面的东西总是扮演了比实质性的东西更重要的角色。非真实的总是大大超过了真实的。

群体只能通过形象来思考，也只能被形象打动。只有形象能令他们恐惧或诱惑他们，成为他们行为的动机。

因此，戏剧这种以最直观的方式呈现形象的表达形式，总是能对群体产生巨大的影响。以前，对罗马的平民来说，面包和戏剧就构成了他们最理想的幸福，除此之外，别无他求。时代更迭，这一理想却没怎么变化。没有什么表达形式能比戏剧更能激发群体的想象力了。剧场内所有观众同时经验到同一种情感，这种情感之所以没有立即转化为行动，那是因为即使是最沉湎其中、难以自拔的观众，也不会忘记自己处于幻象之中，自己只是在为一些虚构的情节欢笑或哭泣。然而，有时戏剧形象暗示的情感太过强烈，就像通常的心理暗示一样，情感就会转化为行动。人们经常讲到一家大众剧院的趣事。这家只上演阴暗剧目的大众剧院，不得不在剧院出口保护出演叛徒的演员离开，以免遭到观众毒打。叛徒在剧中所犯的罪行当然是编造的，却引发了观众的怒火，并转化为针对演员的暴力行动。我觉得这是群体心理最显著的表现之一，尤其说明群体是多么容易受暗示。非真实的东西对群体的影响，几乎和真实的东西一样。群体明显无法将它们区分开来。

征服者的强权和国家的力量都是基于民众的想象力。在引导群体时尤其要注意作用于他们的想象力。历史上的重大事件，比如佛教、基督教、伊斯兰教的创立，16 世纪的宗教改革运

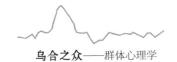

动①，法国大革命以及如今社会主义意识形态的可怕入侵，都是对群体的想象力产生了强力影响而带来的直接或间接结果。

所以，**任何时代、任何国家的大政治家们，包括最专横的独裁者，都把民众的想象力当作他们权力的基石，从来不会逆而治之。**"通过成为天主教徒，"拿破仑对国务委员会说，"我才结束了旺代战争②；成为穆斯林，我才在埃及站稳脚跟；成为教皇绝对权力主义者，我才赢得了意大利教士们的支持；如果我要统治犹太人，我会重建所罗门神殿③。"可能自亚历山大和恺撒以后，还没有一个伟人能比拿破仑更懂得如何触动民众的想象力。他的心思始终放在如何打动民众上。他在获胜、训话、演讲，以及做任何事情时，都在思考这个问题。甚至临终躺在床上的时候，这个问题依然占据着他的心。

如何才能触动群体的想象力呢？我们很快就会知道。现在，我们只能说绝对不是诉诸他们的智力和理性，也就是逻辑论证

---

① 基督教发生过两次大分裂。第一次是在 1054 年，基督教分成了罗马公教（罗马天主教）以及希腊正教（东正教）。第二次发生在 16 世纪，从旧教（罗马天主教）中分出了新教（狭义基督教）。——译注

② 法国大革命爆发，经济落后的西部地区仍为宗教和封建势力所控制，不少农民对革命不理解，尤其对宗教改革和强制征兵（征兵 30 万人）不满。王党分子乘机进行反革命宣传，于 1793 年 3 月 4 日在绍莱首先煽动骚乱。13 日，旺代地区发生全面叛乱，并组成统一的军队（始称"天主教军"，后称"天主教王军"），政府军前往镇压。1804 年，拿破仑平定旺代。因叛乱中心在旺代省，故名旺代战争。——译注

③《圣经》记载所罗门神殿是所罗门王在耶路撒冷修建的一座神殿，建成于公元前 957 年。神殿金碧辉煌、珍宝无数，传说中的约柜就存放在里面，史称第一圣殿。300 多年后被巴比伦军队烧毁。后来犹太人在原地重建了神殿，史称第二圣殿，数百年后又被罗马烧毁，只留下一堵墙，就是今天著名的以色列哭墙。——译注

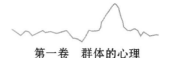

的方式。比如安东尼①，他在煽动民众反对刺杀恺撒的人时，绝对不是通过深奥的说理，他只是向民众宣读恺撒的遗嘱，并展示恺撒被刺伤的遗体。

　　所有能触动群体想象力的东西，都是以特别清晰鲜明的形象方式呈现，无需附加解释，或者没有拖泥带水，只是一些纯粹美好或神秘的事实，比如一场重大的胜利，一个伟大的奇迹，一桩严重的犯罪或一个巨大的希望。**一定要笼统地向群体呈现一个事件，不要从头到尾细细梳理来龙去脉。**上百次小犯罪和小事件也丝毫不能触动群体的想象力。而仅一次大犯罪、一个大事件就能深深震动群体，即便后者造成的后果远远没有前者加起来那么严重。几年前的那场流感，几周时间内，仅在巴黎就造成了 5000 人死亡，却没有怎么触动群体的神经。因为这场真正的"大屠杀"并不是以鲜明直观的形象来展示，只是表现为每周公布的冷冰冰的统计数字。如果同一时间发生的另一场事故不是死 5000 人，只是死 500 人，但是因为发生在公共广场，人人可以看得到，比如说埃菲尔铁塔倒塌了，一定可以深深撼动群体的想象力。一艘横渡大西洋的客轮失去音信，人们推测可能在大海中沉没了，这事长达一周内都激发着群体的想

---

① 马克·安东尼（Mark Antony，约公元前 83~前 30），古罗马著名政治家和军事家，恺撒的左膀右臂。公元前 44 年 3 月 15 日，恺撒在元老院被卡西乌斯和马可斯·布鲁图斯为首的一众元老杀害。安东尼审时度势逃出罗马，后来回到罗马与刺杀者谈判。元老院决定特赦刺杀者。安东尼就在恺撒的葬礼上指责刺杀者的罪行，扯下覆盖着恺撒尸体的宽外袍来展示恺撒身上的伤痕。当晚罗马市民就袭击了刺杀者的住处迫使他们逃亡。恺撒身亡后，安东尼、奥古斯达和雷必达结成"后三头同盟"。公元前 33 年，"后三头同盟"分裂，安东尼在与奥古斯都的罗马内战中战败，与埃及艳后克利奥帕特拉一同自杀身亡。——译注

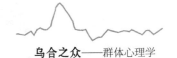

象力。然而，官方统计数据表明，那一年有上千艘大型客轮不知所踪。这接连的失事造成的人员伤亡和财产损失，远远超过了那一艘客轮，却没有引起群体片刻的关注。

　　因此，**能否触动民众的想象力，并不取决于事件本身，而在于事件被传播和呈现的方式**。或许可以这样说，必须对事件进行浓缩和包装，给它们打造一个令人吃惊的形象，如此才能入侵并占据群体的思想，萦绕在他们心头挥之不去。谁懂得了触动群体想象力的艺术，谁就能掌控他们。

第四章 群体所有信念都具有宗教形式

提要： *宗教式情感的构成 / 它独立于对神灵的崇拜 / 它的特征 / 带有宗教性质的信念的强大 / 各种例子 / 民众的神灵从未消失 / 民众的神灵重生的新形式 / 无神论的宗教形式 / 从历史角度看这些观念的重要性 / 16 世纪的宗教改革、圣巴托罗缪大屠杀、大革命恐怖时期以及所有类似事件都源于群体的宗教式情感，而非独立个人的意愿。*

我们说过，群体没有推理能力。**他们对观念的态度是，要么全盘接受，要么全盘否定**，不接受讨论和辩驳。对他们起作用的暗示，会完全瓦解他们的理解力，并很快趋向于转化为行动。我们也说过，只要经过适当的暗示，群体会为了暗示给他们的理想而献身。我们还看到，**群体只懂得强烈、极端的情感，好感很快转变为崇拜，厌恶刚刚产生就演变为仇恨**。通过这几个普遍表现，我们已经可以猜到群体的信念会是怎样的性质了。

如果我们仔细研究群体的信念，无论是在宗教信仰狂热时代还是政治大动荡时期，比如上世纪发生的那几次，就会发现他们的信念总是具有独特的形式。要给这个形式取个名字的话，

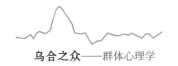

没有比"宗教式情感"更合适的词了。

这种情感的特征非常简单，崇拜一个假想的至高无上的存在，害怕他身上所谓的神奇力量，盲目服从他的命令，绝不质疑他的教义，只想传播这些教义，倾向于把所有不信奉这些教义的人视为敌人。无论是将这种情感倾付于无形的上帝、一尊石像或木像，一名英雄还是一种政治理念，只要呈现出上述特点，这种情感就具有了宗教的性质。与此同时，也具备了超自然和神秘的力量。群体在无意识中，会以这种神秘的力量赋予当下迷惑住他们的政治口号或得胜首领。

如果人们只是崇拜一个神灵，还算不上具有宗教性质。只有在人们将所有才智、服从意愿和狂热，用来服务于某个事业或某种存在，让其成为自己全部思想和行动的目标和指引时，才算。

偏狭和狂热必然伴随着宗教式情感。相信自己掌握了现世或永世幸福秘密的人，必然带着这两种特点。所有集结成群的人，当被某种信念激发起来时，也一定会表现出这两种特点。恐怖时期的雅各宾党人和宗教裁判所时期的一些天主教徒一样，都是彻头彻尾的宗教徒，他们残酷的狂热同宗同源。

群体的信念具有盲目服从、极端偏狭、渴求传播的特点，这些都是宗教式情感固有的特点。所以我们说，群体所有信仰都具有宗教的形式。群体追捧的英雄，对他们来说就是神。拿破仑就当了 15 年这样的神，从来没有哪个神拥有比他的崇拜者更虔诚的崇拜者。也没有谁能如此轻易地让人为他去赴死。异教和基督教的神也没有像他那样，对被征服的人实施如此绝对的心灵统治。

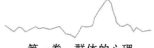

所有宗教或政治信仰的创立者之所以能做到这一点，是因为他们都懂得如何对群体施加这种狂热情感，让人在崇拜和服从中找到幸福，并随时准备为自己的偶像献出生命。每个时代都是如此。福斯泰尔·德·库朗日[1]在他那本讲罗马时代的高卢的杰作中指出，罗马帝国维持其统治，绝不是靠武力，而是靠他们激起的宗教崇拜。他说得有道理，"一个被民众憎恨的政体竟然持续了五个世纪，这在世界历史上绝无仅有……很难解释仅仅靠30个罗马军团就能迫使上亿民众服从"。民众之所以服从，是因为罗马皇帝被视为伟大罗马帝国的象征，如神一般受到全体一致的崇拜。即使在帝国最小的村镇上，也设有供奉皇帝的祭坛。"我们看到，那个时代，整个帝国的民众心中诞生了一种新宗教，崇拜的神灵就是皇帝本人。公元前几年，由60个城邦组成的整个高卢在里昂附近为奥古斯都建起了一座神庙。里面的教士都是由高卢各城邦共同选出的头面人物。我们不可能将这一切归根于的恐惧和奴性。整个民族并不奴性，他们在长达三个世纪的时间里一点都不奴性。崇拜帝王的可不是谄媚的朝臣，而是整个罗马。不仅仅是罗马，还有高卢、西班牙、希腊和亚洲。"

如今，大部分征服了民众心灵的伟人不再享有祭坛，但仍有塑像或画像。人们给予他们的崇拜与过去无异。只有深入了解群体心理学的这一基本点，才能理解一点点历史哲学。对群

---

[1] 福斯泰尔·德·库朗日（Fustel de Coulanges，1830~1889）法国著名历史学家，著有《古代城邦》《古代法国政治制度史》（六卷）等。他有关宗教在希腊、罗马的政治和社会发展中所起的作用的研究，对19世纪史学思想产生了深远影响。——译注

体来说，要么是神，要么什么都不是。

不应该认为这是旧时代的迷信，已被理性彻底铲除。**在与理性永恒的斗争中，情感从未被打败过。**现在，民众不想再听到"神""宗教"这类词，他们被这些东西控制太久了。但是这一百年来，民众从未有过如此多的崇拜偶像，过去的神灵也从未有过如此多的塑像和祭坛。最近几年研究过"布朗热运动"①的人会发现，群体的宗教式本能是如此容易复活。没有一家乡村小客栈不挂这位英雄的画像。人们臆想他拥有可以消除一切不公和罪恶的神力。成千上万人愿意为他献出生命。如果他的品行多少能支撑一点他的传奇，那么他要在历史上占有什么地位不能？

因此，反复说群体需要宗教，真的很多余。**几乎所有政治、神灵和社会的信仰，只有以宗教的形式，才能在群体心里落户安家，因为宗教形式才可以避免信仰被质疑和讨论。**如果群体接受了无神论，那也一定会表现出宗教式情感那种偏狭的特点。在这种形式下，无神论很快会成为被崇拜的对象。一些实证主义②小派别的演变，为我们提供了有趣的例证。有些实证主义

---

① 19世纪80年代在法国以布朗热将军为首掀起的民族沙文主义运动。布朗热在任陆军部长时，大肆煽动民众对德国的复仇主义情绪，培养军队对他的个人崇拜。后投身政界，联合各派不满现状人士，以谋取政权，在全法国掀起了崇拜布朗热的浪潮。最终，勾结保王党的阴谋败露，被政府以破坏共和国安全的罪行逮捕。布朗热于逮捕次日潜逃国外。历时三载（1886~1889年）的布朗热运动遂告结束。——译注

② 它诞生于19世纪三四十年代的法国和英国，由法国哲学家、社会学始祖孔德等提出。实证主义反对神秘玄想，排斥形而上学传统，主张以科学方法建立经验性的知识。——译注

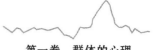

者很快就会像陀思妥耶夫斯基讲的一个故事中的虚无主义者①那样：被理性之光照亮的那天，他打破了供奉在教堂祭台上的神和圣人的画像，熄灭了蜡烛。紧接着，用一些无神论哲学家比如毕希纳②和莫莱肖特③的著作，替换了被打破的画像，然后再虔诚地点燃蜡烛。他信仰的对象已经变了，但是他那份宗教式情感，我们真的可以说也改变了吗？

我再重申一次，只有在认识到群体的信念总是采用了这种宗教形式，我们才能充分理解历史上的一些事件，也就是那些重大事件。有些社会现象，更多的是要从心理学角度而不是从博物学的角度去研究。我们的大历史学家丹纳先生只从博物学的角度研究法国大革命，所以看不到事件发生的真正原因。他清楚地查证了整个事件，但是因为没有研究过群体心理学，所以总是不能追溯到事件的真正起因。事件血腥、混乱和残暴的一面把他吓坏了，令他在这部伟大的英雄史诗中，只看到一群全凭本能行事的疯狂野蛮人。只有认识到大革命只不过是民众心中树立起了一种新宗教式信仰，才能解释大革命的残暴、杀戮，民众对传播信念的渴求以及对所有王权宣战等种种现象。

---

① 虚无主义是俄国作家屠格涅夫在 1862 年出版的小说《父与子》中首创的词。当时俄国知识青年中掀起的一股思潮，就被冠以"虚无主义"的名字。屠格涅夫指出虚无主义者的特征，"是一个什么都不尊敬的人"，"是一个不服从任何权威的人，他不跟着旁人的信仰去接受任何原则"。——译注

② 毕希纳（Buchner，1824~1889），德国医师和哲学家，庸俗唯物主义的代表之一。主要著作有《力和物质》《自然和精神》《自然和科学》《达尔文主义和社会主义》等。毕希纳承认世界的物质性，声称力和物质不可分离，一切事物皆遵守固有的机械规律，否定上帝存在。——译注

③ 莫莱肖特（Moleschott），德国哲学家，庸俗唯物主义的代表之一。与毕希纳一道，很受当时俄国激进青年的欢迎。——译注

16世纪的宗教改革、圣巴托罗缪大屠杀①、法国宗教战争②、宗教裁判所、雅各宾专政的恐怖时期，都属于同一种现象，都是群体受到宗教式情感激发而产生的行为。这种宗教式情感必定驱使他们用铁与火，无情地铲除一切妨碍他们新信仰建立的东西。宗教裁判所采用的方式，是信仰极其坚定之人才会采用的方式。如果他们采用其他方式，就不算信仰坚定之人了。

我刚刚列举的类似的种种动乱，只有在群体心之所愿的情况下才有可能发生。否则，即使是最专制的暴君，也心有余而力不逮。如果历史学家告诉我们，圣巴托罗缪大屠杀只是国王命令的结果，这只说明他们既不了解国王的心理，也不了解群体的心理。这样的群体行为只能出自群体自己的心意。最专制最独裁的君主，最多也只能稍微提前或推迟其爆发时间。造成圣巴托罗缪大屠杀和法国宗教战争的并非国王，制造雅各宾专政的恐怖时期的也并非罗伯斯庇尔、丹东或圣茹斯特③。**背后主导这类事件的，总是群体自己的心意，而非王权。**

---

① 1572年8月24日凌晨，巴黎数万名天主教徒伙同警察、士兵对城内的新教徒胡格诺派进行血腥的大屠杀。之后数月，看似自发的屠杀胡格诺派教徒的行动扩散到法国其他城镇。死难者估计有10万人，历史学家通常认为是7万人。——译注

② 法国宗教战争（1562~1598年，一说1559~1594年），16世纪40年代，新教胡格诺派开始在法国传播，法国南部的大封建贵族信奉胡格诺教，企图利用宗教改革运动来达到夺取教会地产的目的。他们与北方信奉天主教的大封建贵族有深刻利益冲突，最终演变成长期内战。圣巴托罗缪大屠杀就发生在这期间。——译注

③ 三人均是雅各宾派的重要领导人。——译注

第二卷　群体的主张和信仰

第一章 群体的信仰和主张的间接因素

提要： 群体信仰的准备性因素 / 群体信仰的诞生是前期因素累积的结果 / 信仰诸多因素的研究。①种族。种族的主导性影响 / 种族代表了先辈的暗示。②传统。传统是种族心理的合成 / 传统的社会重要性 / 传统在成为生活必需之后，为何又变得有害 / 群体是传统观念最忠实的拥趸。③时间。时间逐步确立了信仰，接着又摧毁了信仰 / 时间才能让秩序回归。④政治与社会的制度。关于其角色的错误认识 / 它们的影响极其微弱 / 它们是结果，而非原因 / 民族不能随意选择自认为最好的制度 / 制度只是标签，相同的名字下面，藏着极为不同的东西 / 制度如何建立起来的 / 一些理论上很糟糕的制度对某些民族来说是必须的，比如中央集权。⑤教育。目前关于教育对群体影响的错误认识 / 统计学的相关指示 / 拉丁式教育对道德的败坏作用 / 教育可能起到的作用 / 各民族提供的例子。

我们刚刚研究了群体的心理结构，了解了他们感知、思考和推理的方式。现在，我们来研究他们的主张和信仰是如何诞生的。

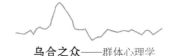

这些主张和信仰的决定因素分两种：间接因素和直接因素。

间接因素使群体能接受一些信念，而不被别的信念渗透。它好像一片土壤，会突然从中萌发出一些力量和结果都非常惊人的新观念。整个过程似乎是自发的，但只是看起来像那么回事。有时，**群体中某些观念会以非常惊骇的速度爆发并迅速被付诸实践。但这只是一种表面效应，背后一定是先前诸多因素的长久累积。**

直接因素可以叠加在间接因素上面，如果没有间接因素作为铺垫，直接因素就不会发挥作用，也就是令群体产生某种主张并以雷霆之势实施，带来种种结果。群体发起暴动的决心，是直接因素触发的。是它们决定了是否出现骚乱和罢工，也是它们决定了民众是拥立一个人还是推翻一个政府。

在所有重大历史事件中，我们都可以看到这两种因素的相继作用。我们只以最惊人的法国大革命为例。这个例子中，间接因素包括哲学著作的思想启蒙，贵族的横征暴敛，以及科学思想的发展进步。群体思想经过如此准备，就很容易被一些直接因素激发，比如演说家的激情演讲，或者宫廷连无关紧要的改革都拒绝的消息。

在间接因素中，有些是普遍性因素，我们可以在群体所有信仰和主张的深处找到。它们是种族、传统、时间、制度和教育。

我们将分别研究这些因素的作用。

一、种族

　　种族这一因素必须放在第一位，因为它的重要性远远超过了其他所有因素。我们已经在另一本书中深入研究了这一点，因此没有必要再详述。我们已经看到种族在其种族心理形成后，如何通过遗传的方式来获得一种强大力量，以至于他们的信仰、制度、艺术，简言之就是所有文明元素都成了其种族心理的外在表达。我们还指出，种族的力量非常强大，以至于没有任何一种文明元素可以不经受深刻转变，直接从一个民族传播到另一个民族①。社会环境、形势和事件都代表着当下的社会暗示。它们可能产生巨大影响，但是如果这个影响与种族的暗示相冲突，也就是违背世代承袭的观念时，那么这个影响只能是暂时的。

　　在本书的很多章节，我们将还有机会再讨论种族的影响，并且证明这一影响如何强大，以至主导了群体的心理特征，因而不同国家的群体，其信仰和行为都千差万别，受影响的方式也各不相同。

---

　　① 这种说法还很新鲜，但是少了它，历史就难以理解。我已在另一本书《民族进化的心理定律》中用了几个章节来阐明这一点。读者可以在那本书中看到，尽管表面上可能让人误以为一样，但无论是语言、宗教，还是艺术，总之没有任何文明元素可以原封不动地从一个民族传播到另一个民族。——作者注

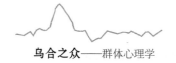

二、传统

传统代表了过去的观念、需求和情感。它是种族心理的合成，并以其所有的重量，压在我们身上。

自从胚胎学指出过去对生物进化的巨大影响后，生物学就发生了改变。如果这个观念能进一步推广，那么历史学也会发生不小的转变。不过，这一观念普及得还不够，很多政治家依然停留在上世纪一些理论家的思想上，认为社会可以与过去完全割裂，只以理性之光为指引，从头到尾对社会进行重建。

民族是由过去创造的有机体，就像所有有机体一样，只有通过漫长的遗传累积，才能发生改变。

主导人类行为的，是传统，尤其是当他们结成群体时。就像我多次强调过的那样，能轻易改变的只有它们的名字和外在形式。

我们不必为此感到遗憾。没有传统，就没有民族之魂和文明。人类诞生以来从事的两件大事就是，构建一套传统，然后当它不再有益时竭力摧毁。没有传统，就没有文明。但传统不慢慢消亡，文明就不会进步。难的就是在稳定和变化之间找到微妙的平衡。这个难度很大。如果一个民族在很多代人时间里，牢牢固守传统，就不能改变和进步，就像此时的中国，已无法自我改进。**暴力革命根本无法改变传统，因为要么砸断的链条重新续上，过去的一切原封不动回来；要么砸断的链条四散，社会混乱无序之后，紧接而来的就是衰落。**

因此，对一个民族而言，最理想的状态就是保持过去的制

度，在不知不觉中一点一点对其进行改进。这种理想状态很难实现，大概只有古罗马人和近代的英国人做到了。

最固守传统、最反对改变传统的，正是群体，尤其是那些构成了社会集团的群体。我强调过，群体的思想是保守的，即使是最暴力的反抗，最终也只不过是获得说法上的改变。在上世纪末，面对被捣毁的教堂，被驱逐或被送上断头台的教士，以及对天主教的全面迫害，我们还以为这一古老的宗教思想已彻底失去影响。然而，仅仅过去几年，在普遍的呼吁中，被废弃的宗教信仰又回来了[①]。

只消失了片刻的古老传统，又恢复了其统治。

要说明传统对群体心理的影响力，没有比这个更好的例子了。最可怕的偶像不是立在教堂里的，最专制的暴君也不是住在宫殿里的。他们瞬间就可以被打倒。而主宰我们心灵的那些看不见的主人，才是任何反抗都无法打倒的，只能用数百年时间慢慢去消磨。

三、时间

在社会问题中，就如在生物问题中一样，最具能量的因素

---

① 在这一点上，丹纳引用的原国民公会议员福尔克拉（Fourcroy）的报告讲得很清楚：

"我们到处都能看到的周日礼拜活动和人们频繁往来教堂，证明了法国民众还是想回到旧习俗中，要抵制这种全民倾向为时已晚了……

"大部分人都需要宗教、祭礼和教士。当代有些哲学家犯了一个错误，这个错误我自己也曾犯过，就是认为只要教育足够普及，就能消除宗教偏见。其实，对很多不幸的人来说，宗教偏见才是安慰的根源……

"因此，应该把教士、祭台和祭礼留给民众。"——作者注

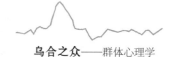

之一就是时间。只有它才是真正的创造者和最大的毁灭者。是它使沙粒聚成高山，也是它使地质时代[①]卑微的细胞进化到今天高阶的人类。几百年时间足以改变任何现象。人们常说，只要有足够时间，一只蚂蚁也可以将勃朗峰搬为平地。一个人要是拥有随意改变时间的魔力，那他便具有了信众赋予上帝的权势。

不过，在这里我们只讨论时间对群体主张形成的影响。在这方面，时间的影响力也是巨大的。像种族这样强大的力量，也要仰仗它。没有时间的配合，种族的力量就无法形成。所有信仰的诞生、发展和消亡也都仰赖时间，是时间令它们获得了力量，也是时间令它们失去了这一力量。

群体的主张和信仰主要靠时间来孕育，也就是说时间为它们提供了萌芽的土壤。所以，这就是有的主张可以在某个时代诞生，到了另一个时代无法诞生的原因。时间累积了大量过去信仰和思想的碎片，在此基础上孕育出了一个时代的观念。它们不是偶然诞生的，它们每一个都深深扎根于漫长的过去。它们之所以开花，是时间为此做了准备。要了解它们的起源，就必须回溯过去。它们是过去的女儿，未来的母亲，永远受时间的束缚。

因此，时间是我们真正的主宰。只要放任不管，时间可以改变一切事物。今天，群体的一些可怕主张，以及由此带来的破坏和动荡，令我们感到非常不安。只有时间能重建平衡。

---

① 地质时代是地质学专业术语，是只能用地质学方法来测定的冰期和冰期以前的时代，可分为太古代、元古代、古生代、中生代和新生代 5 个时期。——译注

"没有哪种政治体制能在一天内建立，"拉维斯先生[1]说得对，"任何政治或社会的组织都是数百年时间的产物。封建制度在找到其规则前，经历了数百年的无序和混乱。君主专制制度也是经历了数百年才摸索出其规范的统治方式，而在这摸索阶段里，同样经历了巨大动荡。"

四、政治与社会的制度

制度可以弥补社会的缺陷；民族的进步是制度和政府改善的结果；社会变革可以通过法令实现……我想说，这些观点目前还流传甚广。法国大革命就以此为出发点，当今的社会理论也从中找到了支撑。

最长久的社会经验也没能撼动这种可怕的妄想。哲学家和历史学家们试图证明它的荒谬，结果都是徒劳。但是于他们而言却不难指出，制度只不过是观念、情感和习俗的产物，无法反过来通过修改法典来改变观念、情感和习俗。民族不能随意选择自己的制度，更不能随意选择自己眼睛或头发的颜色。制度和政府都是种族的产物。不是它们创造了时代，而是时代创造了它们。各民族的管理都不能基于一时的心血来潮，而要顺应各自民族性格的要求。一种政治体制的形成需要数百年时间，而要改变它也需要数百年时间。制度本身没有道德可言，无所

---

① 欧内斯特·拉维斯（Ernest Lavisse，1842~1922）是法国重要历史学家。第三共和国伊始，法国面临内忧外患局面，巩固共和制度与重振民族自豪感是首要任务，以拉维斯为代表的历史学家在这一过程中发挥了积极作用。——译注

谓好坏。在某一时期对一个民族来说极好的制度，对另一个民族而言，可能就糟糕透顶。

因此，一个民族根本没有能力真正改变自己的制度。当然，以暴力革命为代价，可以改变制度的名字，但无法改变制度的本质。名字只是一堆无用的标签，稍微深入事物本质层面的历史学家都不会在意。比如，世界上最民主的国家英国[①]，现在仍然顶着君主制的名字，而原属西班牙殖民地的美洲各共和国，虽然颁布的是共和国宪法，实行的却是最独裁的专制统治。**是民族的性格，而非政府，决定了他们的命运。**我在上一本书中就通过一些典型案例阐述了这一观点。

所以，花时间去研制一部庞杂的宪法是非常幼稚的行为，是愚蠢的修辞学家在空耍文字把戏。现实需要和时间自会承担起这一职责，只要我们适当放手让这两个因素自己发挥作用。这正是盎格鲁-撒克逊人的做法，也是他们伟大的历史学家麦考莱[②]在其著作中传达的观点。他的其中一段文字应该被拉丁国家的所有政治家铭记在心。他指出，有一些法律虽然从纯理论角度看有些混乱、荒谬和矛盾，却可能带来种种益处。之后，他将欧洲和美洲的十几部终结于动乱的拉丁民族宪法与英国的宪法做比较，并指出，英国宪法的改变非常缓慢，都是一点点

---

① 这是连美国最激进的共和党人都承认的。最近，据 1894 年 12 月的《评论回顾》（*Review of Reviews*）刊载，美国《论坛报》明确表达了这一观点，原文引用如下：

"我们永远不应该忘记，即使是那些贵族制度最强烈的反对者也承认，今日的英国是全世界最民主的国家，个人权利得到最大尊重，个人拥有最大自由。"——作者注

② 麦考莱（Macaulay，1800~1859），英国历史学家、政治家，著有《自詹姆斯二世即位以来的英国史》（即《英国史》）。——译注

地进行，且都是出于直接需求的考虑，绝非纯理性思辨的结果。"不担心是否对称，更多考虑是否有用；绝不仅仅因为怪异而将一条法令废除；永远不革新，除非感到不适，一旦革新，只革新到不适消除为止，绝不提出超过当前不适范围的法案①。正是这些规则，自约翰国王②时代到维多利亚女王时代，指导了我们250届议会的决议。"

　　要指出法律和制度在多大程度上是各民族自身需求的表达，并且因此不能进行猛烈变革，我们必须一一研究各民族的法律和制度。我们也可以从哲学角度进行论述，比如论述中央集权的种种优劣。但是当我们看到一个由不同种族构成的民族，经过上千年努力逐渐实现了中央集权，而一场旨在摧毁过去一切制度的大革命，最终也不得不尊重这种集权，并且还要进一步加强集权时，我们就可以说这种集权制度是该民族需求的产物，甚至是该民族存在的条件。而那些主张废除这一制度的政治家所表现出的浅薄无知，令人惋惜。因为一旦他们碰巧成功了，

---

　　① 这里有一个有趣例子。19世纪中期，英国虽废除了对英国犹太人的大多数限制，但不允许犹太人成为议员。罗斯柴尔德家族英国分支第三代掌门人莱昂内尔凭借家族和自身的巨大影响力，成功当选议员。既成事实下，英国下议院通过一项法案——允许有一位犹太人议员。值得一提的是，莱昂内尔于1875年借400万英镑给英国政府，买下埃及总督的苏伊士运河股票，使英国跃升为苏伊士运河大股东，从而掌控了苏伊士运河。——译注

　　② 约翰一世（Jean Ⅰ，1166~1216），金雀花王朝的第三位英格兰国王。因为约翰王在与法国的战争中丢失多地，封建贵族乘机联合对国王不满的各方力量反对约翰王，逼迫约翰王于1215年6月15日签署了著名的《大宪章》，其中最重要的条文规定，由二十五名贵族组成的委员会有权随时召开会议，具有否决国王命令的权力。《大宪章》被视为英国议会制度的开端。——译注

那么在废除这一制度的那一刻，相当于打响了可怕内战[1]的枪声，结果就是很快带来另一种更为专制的新中央集权。

综上所述，不能到制度中去寻找可以深刻影响群体心理的方法。看看有些国家，比如美国，在民主制度中达到了高度繁荣，再看看另一些国家，比如南美各共和国，尽管有着极其类似的制度，人们却生活在极度悲惨的混乱中。可以说，并不是制度本身导致了一个国家强盛，另一个国家衰败。**民族的性格决定了其最适当的管理方式。任何不是被自身民族性格这一模子铸造出来的制度，都不过是一件借来的外衣，只是暂时的装扮。** 当然，为了实行一些像圣物一样具有创造幸福的超能力的制度，历史上发生过很多血腥战争和暴力革命，并且以后还会发生。因此，从某种意义上可以说，制度能反过来影响群体的心理，因为它能引发类似动荡。但是，实际上并不是制度引发了这一切，因为我们知道，无论成功还是失败，结果都与制度无关，制度本身没有优劣之分。真正影响群体心理的是各种幻想和美好词汇。尤其是词汇，我们很快会揭示这些虚幻的词汇具有多么惊人的力量。

---

① 将法国分成好几部分的宗教和政治上的严重分歧，归根结底主要还是种族问题。在法国大革命时期就显露的分裂主义倾向，在普法战争后期再度出现。将这些综合起来，我们可以看到，在我们领土上生活的各个种族，还远没有到彼此融合的地步。大革命带来的强大中央集权，为了促进融合重新进行行政划分设立新省，这些显然是它最有用的措施。今天还有很多目光短浅的人主张地方分权，这种想法如果真的实现，一定会立刻爆发血腥的冲突。除非彻底忘却我们的历史，否则不会意识不到这一点。——作者注

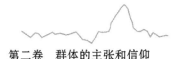
五、教育

我曾在别的地方指出，一个时代的主导思想数量并不多，尽管它们有时只是纯粹的幻想，但力量十分强大。在我们时代排名前几位的主导思想中，有这样一种：教育能显著改变人，使人不断完善，甚至最终实现人人平等。仅仅通过不断重复的方式，这一说法就成为民主主义最坚定不移的信条之一。如今，想要改变它就像过去想要改变教会的教义一样困难。

但是在这一点上，正如在其他很多点上，这一民主观念与心理学和实践经验得出的结论非常不同。很多卓越的哲学家，包括赫伯特·斯宾塞在内，都毫不费力地证明了，教育既不能让人更道德，也不能令人更幸福，它既不能改变人的本能，也不能改变人天生的激情。并且，如果受到不良引导，教育的弊可能远远大于利。统计学家也证明了这一观点。他们指出，随着教育的普及——至少是某一种教育的普及——犯罪率反而提高了。社会最大的敌人，也就是那些无政府主义分子，往往来自学校的高才生。杰出的法官阿道夫·吉约（Adolphe Guillot）先生也在最近的报告中指出，目前统计受过教育的罪犯和没受过教育的罪犯分别是 3000 人和 1000 人。50 年间，罪犯从每 10 万人中的 227 人，增长到了 552 人，增长率为 133%[①]。同时，他和所有同事都注意到，年轻人的犯罪率增长尤为明显，而众所周知，这些年轻人都参加了国家为他们推行的免费义务教育，

---

① 按作者给出的数据计算，此处增长率应该是 143%。——译注

他们不再像过去那样要给老板当学徒了①。

当然，这并不是说良好的教育不能带来特别实用的结果，也没人会支持这样的观点。良好的教育即便不能提高人的道德水平，起码也能培养专业技能。不幸的是，拉丁民族将他们的教育体系建立在非常错误的原则上，特别是在过去25年里。尽管一些杰出人士提出了批评，他们依然坚持这一可悲的错误。我本人也在多部作品②中指出，我们目前的教育把大部分接受它教育的人变成了社会的敌人，它为最糟糕的社会主义制度培养了大量信徒。

这种完全可以称为拉丁式的教育，其危险之处在于，它基于一个根本错误的心理学观点，即认为智力是通过熟背教材的方式提高的。于是，人们就尽可能地多记多背。从小学到博士，或到考取教师资格证，年轻人只知道死记硬背课本，从不培养自己的判断力和创造力。对他们来说，教育就是背诵和服从。前教育部部长朱尔·西蒙③先生写道："学习课文，熟背语法或纲要，竭力复述，竭力模仿，这简直就是一种可笑的教育。我们所有的努力都不过是在践行'老师绝不会错'这一信仰，结

---

① 1881年6月法国通过《费里法案》，宣布实施普及、义务、免费和世俗的初等教育。在此之前，除了教会学校，学徒制是人们学习的最普遍方式。从语言、绘画、雕刻、复杂的社交技能到某一专业领域的知识与技能，都可以通过学徒制的方式获得。通常师傅就是店铺或作坊的老板，学徒在师傅指导下习得知识或技能，并在师傅的监督下干活，这个过程也往往意味着学徒要受到一定程度的剥削和压迫。——译注

② 参阅《社会主义心理学》（Psychologie du socialisme）（第3版）和《教育心理学》（Psychologie de l'éducation）（第5版）。——作者注

③ 朱尔·西蒙（Jules Simon，1814~1896）法国政治领袖、哲学家、法国激进党理论家。法兰西第二共和国议员，法兰西第三共和国期间曾被任命为教育、宗教和美术部长，并担任过部长会议主席，相当于总理。——译注

果只能使我们变得自轻和无能。"

如果这种教育只是无用，那我们倒还只是同情那些不幸的孩子。在小学有那么多必须学的东西，学校却偏偏教克洛泰尔①后裔的族谱，纽斯特里亚和奥斯特拉西亚②之间的战争或者动物的分类。但是，这种教育其实会带来严重的危害，就是会使接受这种教育的人对自己出生的环境产生强烈厌恶，并生出离开它的强烈欲求。工人不想再当工人，农民不想再当农民，资产阶级觉得自己的子女除了当公务员领国家工资，别无他选。学校不是教人为将来的生活做准备，而是在培养公务员，而这些职务的成功并不需要任何创造性。在社会底层，它制造了一大批不满现状的无产阶级，随时准备揭竿而起。在社会上层，它培养了一大帮肤浅、多疑又轻信的资产阶级，他们对福利国家③具有迷信般的信任，却又不断指责，将自己的错误归咎于国家，但没有国家力量的介入，他们又什么事都干不成。

国家通过各种教材制造了大批有文凭的人，却只能雇用其

---

① 克洛泰尔一世（Clotaire Ⅰ，约 497~561）是法兰克王国墨洛温王朝的开创者克洛维一世的幼子。克洛维一世死后，王国被克洛泰尔一世四兄弟瓜分。之后，克洛泰尔一世又先后吞并三位亡兄的王国，再度统一法兰克王国。但在克洛泰尔一世死后，王国又再度被其四个儿子瓜分。——译注

② 法兰克王国后期逐渐分裂为两个世界：纽斯特里亚和奥斯特拉西亚。两个王国说的语言和传统都不同。位于西部的纽斯特里亚的法兰克人由于高卢的罗马化而说一种不纯的拉丁语，也就是演变到今天的法语。奥斯特拉西亚位于法兰克王国东北部，这里的法兰克人仍说日耳曼语。两个王国之间爆发过多次战争。——译注

③ "福利国家"（État-providence）一词来源于 19 世纪的德国，当时俾斯麦实行 "警察国家" 政策。当时德国的历史学家描述俾斯麦的 "国家社会主义" 是在创造一个 "福利国家"。福利国家在 20 世纪下半叶成了西欧社会的时代精神和基本制度。英国于 1948 年率先建成福利国家，之后西欧各国纷纷效仿，再之后又受到欧洲其他国家的推崇。——译注

中一小部分人，不得不让其他大部分人失业。结果免不了是养活了前者，把后者培养成了自己的敌人。今天，这座社会金字塔从上到下，大量"文凭加身"者去角逐从普通职员到教授到高级政府官员的各种公职。商人很难找到愿意去殖民地工作的代理，而哪怕最低微的公务员职位也有成千上万求职者申请。光是塞纳一个省，就有 2 万名小学教师失业，他们却不屑做农民，不屑做工人，只到政府部门谋求活路。能被聘用的人数总是有限，所以，不满者的队伍越来越壮大。他们随时准备加入任何革命，而不管领导人是谁，革命目的为哪般。**教授了知识却不给工作，简直就是在把人往革命道路上带**[①]。

要转变这一趋势，显然为时已晚。只有经验，这一民族的终极教育者，可以为我们指出我们的错误。只有经验才有足够的能力证明，有必要抛弃我们可恶的教科书和毫无价值的书本考试，而代之以职业教育，让年轻人回到他们今天不惜一切代价都要逃离的田间、工厂和殖民地企业。

如今所有有识之士都在呼吁的职业教育，正是我们父辈过去所接受的教育，也是凭借其毅力、创造力和创业精神主导如今世界的民族，设法保留的教育方式。大思想家丹纳先生在一

---

① 这不是拉丁民族特有的现象，在中国也能看到，国家掌控在一群等级森严的官员手中。如同我们国家一样，官职必须通过考试获取，而唯一的考核就是对厚厚的教材倒背如流。今天，中国大批找不到工作的文人，已成为国家的一个大灾难。印度也是一样，英国在那里开办学校，但并不是像在英国本土一样对人进行真正的教育，而只是教授知识，从而培养出了一个特殊的文人阶层，叫巴布斯（Babous）。一旦他们找不到工作，就会成为英国当局最势不两立的敌人。对这些巴布斯而言，不管他们能否找到工作，这种教育对他们的首要影响就是，大大降低了他们的道德水平。我在我的《印度文明》（les Civilisations de l'Inde）一书中强调过这一事实。所有到过印度半岛的作家也都发现了这一点。——作者注

些著名的篇章中明确地指出（我后面会引用最关键的部分），我们过去的教育有点像今天的英国或美国教育。在他对拉丁教育体系和盎格鲁–撒克逊教育体系进行的比较中，我们清楚地看到了这两种教育方式带来的结果。

假如对大量知识的肤浅汲取，以及对大量教材的完美背诵，能够提高智力水平，那么必要时，人们还是会接受我们这种填鸭式学术教育的种种弊端，尽管它会打乱现有社会阶层并制造大量不满的人。但是，它果真能提高智力水平吗？不能！唉……判断力、经验、创造力和性格才是生活中获取成功的条件，但这些都不是书本所能给予的。书本只是供人查阅的有用字典，把大段文章塞进脑子里根本没用。

职业教育是如何通过一种完全非填鸭式的教学方式来发展智力的，丹纳先生说得非常明白：

"思想只能在自然、正常的环境中形成。促使思想萌芽的，是年轻人每天在车间、矿场、法庭、研究室、工地、医院获得的无数直观体验，对劳动工具、生产资料及其操作过程的直接观察，与顾客、工人的直接互动，对劳动以及生产得或好或差、或费钱或赚钱的劳动作品的直接参与。这些来自眼睛、耳朵、手，甚至是鼻子的细小感知，在不知不觉中收集、消化并转化，迟早会酝酿出新的组合，更简化更经济的方案，改造或者创造的设想。这些珍贵的接触，这些可被吸收的必不可少的元素，现在法国的年轻人都被剥夺了，而且刚好在他们最具创造力的年龄。长达七八年的时间，他们被关在学校里，远离了直接的个人体验，而这种体验可以让他们对人，对事物，对管理人和物的各种方式，都有个准确而生动的概念。"

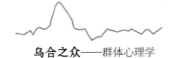

"……10个人当中至少有9个人浪费了他们的时间和精力，浪费了生命中的好几年，而且是最高效、最重要，甚至是决定性的那几年。首先，参加考试的人中，大概有一半或三分之二的人被淘汰。其次，那些顺利被录取、毕业、取得资格证和文凭的人中，大概又有一半或三分之二的人被累垮。人们对他们要求太高了，要他们在某一天长达2小时时间里坐在椅子上或站在黑板前，当一系列学科现存所有知识的活索引，也就是参加考试答题。事实上，在这一天这2小时时间里，他们确实可以做到，或者基本上可以做到。但是，一个月以后，他们就做不到了。他们无法再次通过考试。他们获取的知识太多太沉重了，不断从他们大脑中溜走，却不再补充新的知识。他们的大脑活力降低，创意源泉干涸。等造就好从学校走出来的时候，人往往也废了。他们循规蹈矩做事，按部就班结婚，甘于在圈子里打转并且永远圈于一个圈子，把自己局限在小小的办公室里。他们按规矩办事，绝不逾矩。这就是目前教育的平均回报。显然，回报与付出并不对等。在英国和美国，就像1789年①以前的法国一样，人们采用相反的教育方式，获得的是对等或者更高的回报。"

接着，这位杰出的历史学家向我们揭示了我们的教育体系和盎格鲁-撒克逊教育体系的差别。后者不像我们有数不清的专业学校。他们的教学不是通过课本，而是通过事物本身。比如，工程师是在工厂里培养的，绝非学校。这就使得每个人都能达到其智力所允许的高度。如果不能走得更远，就当工人或工头，

---

① 指1789年的法国大革命。——译注

如果具有相应的才干，就成为工程师。比起让个人的整个职业生涯决定于十八九岁参加的一场几个小时的考试，这种教育方式则更民主，对社会也更有用。

"在很小年纪就被录用的学生，在医院、矿场、工厂、建筑师或律师事务所里学习并实习——有点像我们国家的公证处文员培养于公证处，画师成长于画室——在开始这种学习之前，他们会先上一些综合性、概括性的课程，如此先构建一个框架，以便将日后观察体验到的东西即时放进去。其间，在他们自由安排的时间里，往往有好几门他们理解能力范围内的技术性课程可以上，以逐步整合日常获得的实践经验。在这种体系下，学生实践能力不断提高、发展，直到达到其自身能力所能企及的高度，并且通过现在就能适应的具体工作，与未来的职业方向接轨。通过这种方式，英国和美国的年轻人可以快速发掘自己的潜能。如果物质条件允许，从 25 岁或更早开始，他们就不仅可以当操作工，还可以自己创业；不仅可以当齿轮，还可以进一步当发动机。在法国，占上风的恰恰是相反的教育方式，一代一代越来越中国化了。我们浪费掉的力量实在是太大了。"

对于我们的拉丁式教育和生活越来越脱节这一现象，这位伟大的哲学家做了以下结论：

"在童年、少年和青年这三个教育阶段，孩子们坐在学校板凳上通过书本学习理论知识的时间太长，任务太重了。目的却仅仅是为了考试、升学、证书和文凭，而且采取的是最糟糕的方式。这种反自然和反社会的教育制度，严重推迟了实践学习的时间；用寄宿制把学生关学校里，进行超负荷的人工训练和机械的填鸭式教学；根本不考虑学生的未来，不考虑他们要成

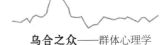
年以及接踵而来的充满挑战的职务；把年轻人即将投身的现实世界抽象化，完全忽略了需要提前适应或屈服的周遭环境，以及为了捍卫自我和站稳脚跟所必要的人际冲突。所有这一切都必须提前为之做好准备，要把自己武装起来，不断练习，变得坚韧不摧。这些不可或缺的装备，这些最重要的知识和道理，以及坚强的意志和精神，我们的学校都没有教给他们。相反的是，学校不仅没有帮助他们胜任这一切，反而剥夺了他们应对即将到来并且终将面对的环境的能力。他们出发踏入社会，进入实际操作领域的前几步，往往就是一连串痛苦的打击。他们不断受挫，久而久之，遍体鳞伤，有的甚至是永久的伤残。这是一种粗暴而危险的考验。他们的心理失去平衡，甚至有不再康复的危险。失望的感觉突然袭来，强烈而彻底，然后，一蹶不振。"①

我们刚刚说的这些偏离了群体心理学这一主题吗？当然没有。如果我们想要理解今天在民众中萌芽并会在明天绽放的那些思想和信仰，就必须了解它们的土壤是如何提供助力的。**一个国家给年轻人提供什么样的教育，就可以知道这个国家的未来是什么样**。当代青年接受的教育，就是对未来的最悲观预测的最好佐证。教育确实可以在一定程度上改变民众的思想。因此，有必要指出当前的教育制度是如何培养它们的，大批原本

---

① 丹纳《现代体制》（*Le Régime moderne*）（1891 年版第二卷）——这些几乎是丹纳最后留下的文字。它们很好地概括了这位伟大哲学家长期以来研究的成果。遗憾的是，我觉得我们那些从未旅居过国外的大学老师根本无法理解这些文字。教育是我们唯一拥有的可以稍微改变民族心理的方法。在法国，几乎没有一个人意识到，我们当前的教育制度是社会迅速堕落的可怕原因，它非但没有提升年轻人，反而染污、毒害了他们。想到这一点，太令人悲痛了。——作者注

无所谓或中立的民众是如何渐渐变得心怀不满，随时听从空想家和煽动家的全部暗示的。是学校，培养了今天的这些不满现状者和无政府主义者；也是学校，为拉丁民族拉开了走向衰落的序幕。

第二章　群体主张的直接因素

提要：①形象、词汇和格言。这些词汇和格言的魔力／词汇的力量在于其唤起的形象，与真实含义无关／这些形象随着时代和种族的不同而不同／词汇力量的衰减／一些常用词汇的含义变化极大的例子／当人们过去采用的名字让群体感到不快时，换个新名字的政治作用／词汇的含义随着种族不同而不同／"民主"一词在欧洲和美洲的不同含义。②幻想。幻想的重要性／所有文明的基础都存在着幻想／幻想的社会必要性／群体总是喜欢幻想多过真理。③经验。只有经验才能在群体心中构建必要的真理，并摧毁业已危险的幻想／经验只有在不断重复的情况下才能起作用／只有付出了代价的经验才能说服群体。④理性。它对群体毫无影响／只有作用于群体的无意识情感，才能作用于群体／逻辑在历史中的作用／荒谬事件发生的秘密原因。

我们刚刚探讨了间接性和准备性的因素，这类因素可以赋予群体心灵一种特殊的感受性能，使得某些情感和观念能在群体中诞生绽放。现在，我们要研究一些直接就能对群体产生作用的因素。在接下来这一章中，我们将看到如何运用这些因素

来产生相应的效果。

在本书的第一部分，我们研究了群体的情感、观念和推理方式。基于这些认识，我们当然可以推断出可以影响群体心理的普遍方式。我们已经知道了什么可以激发群体的想象力，暗示（尤其是形象化暗示）的力量和传染性。但是，暗示的来源可能千差万别，所以，能影响群体心理的因素也非常不同。因此，有必要将它们分开来讨论。这可不是无用的研究。群体有点像古代神话中的斯芬克斯①，我们必须解答他们给我们提出的问题，否则只能被他们吃掉。

一、形象、词汇和格言

我们在探讨群体的想象力时已经看到，他们极易受形象的影响。形象并不总是现成的，但可以通过合理运用一些词汇或格言来唤起。如果运用得巧妙，就真的会拥有魔法般的神秘力量。它既可以在群体心中掀起风暴，也知道如何使他们平息。如果将这些词汇或格言的受害者的骸骨堆起来，堆成的金字塔将比胡夫金字塔还要高。

这些词汇的力量大小取决于它们所能唤起形象，与它们的真实含义完全无关。有时越是含义不清的词汇，影响越是强大。

---

① 在希腊神话中，赫拉派斯芬克斯坐在忒拜城附近的悬崖上，拦住过往的路人，用谜语问他们，猜不中者就会被它吃掉。这个谜语是："什么动物早晨用四条腿走路，中午用两条腿走路，晚上用三条腿走路？腿最多的时候，也正是他走路最慢，体力最弱的时候。"俄狄浦斯猜中了正确答案，谜底是"人"。斯芬克斯羞愧万分，跳崖而死（一说为被俄狄浦斯所杀）。——译注

比如"民主""社会主义""平等""自由"等词汇，其含义如此模糊，写多少本书都解释不清。然而，这几个短短的音节上附着了多么神奇的力量，仿佛包含了解决所有问题的办法。它们是各种潜意识愿望及实现这些愿望的希望的综合。

推理和论证都无法与某些词汇或格言抗衡。当面对群体虔诚地说出这些词汇和格言时，群体立马会露出敬畏的神情，然后低下头来。很多人把它们视作自然界的某种原力，具有超自然的能量。它们在群体脑中唤起了伟大而模糊的形象，而模糊本身又为之增添了神秘力量。我们可以把它们比作隐藏在圣龛里的可怕神灵，虔诚的信徒一靠近就会浑身发抖。

词汇唤起的形象与词汇本身的含义无关。相同的词汇，会随着时代不同、民族不同而唤起不同的形象。词汇与形象的关联只是瞬时的，词汇只不过是召唤形象现身的按钮。

并不是所有的词汇和格言都拥有唤起形象的力量。还有一些，在唤起某种形象之后，力量就衰竭，再也无法在人们脑中唤起形象。它们变成了固定的回响，主要好处就是免去了使用者的思考。**年轻时候积累一些格言和警句，就可以帮我们在跋涉人生时省去很多对人生的疲累思考。**

如果我们细细考察一门语言，就会发现构成这门语言的词汇并不会随着时代变迁而迅速变化。它们的演变速度是十分缓慢的，但是，它们唤起的形象或被人们赋予的含义，却在不停变化。这就是为什么我在另一部作品中总结到，要准确无误翻译一门语言，尤其当它涉及已消失的民族时，是根本不可能的事。事实上，当我们用法语翻译拉丁语、希腊语或梵语时，或者当我们试图理解一本两三百年前用我们自己语言写就的书时，

我们是怎么做的呢？我们只是简单地用现代生活在我们脑中植入的形象和观念，来替代古代生活在当时人们脑中植入的形象和观念。古代的生存条件与我们今天的完全不同，自然两者也完全不同了。参加法国大革命的人自以为是在效仿古希腊人和古罗马人，其实，他们的行为完全是在给那些古老的词汇增加从未有过的含义。不然还能是什么呢？希腊人的制度和我们今天用相同名字命名的制度之间能有什么相似之处？那时的共和制，本质上说是贵族共和制①，是由少数奴隶主贵族组成的统治集团，统治着一群绝对服从的奴隶。这种建立在奴隶制上的贵族集体统治制，没有了奴隶制，一刻也无法存在。

还有"自由"这个词，在一个连思想自由都不敢想的时代，一个没有比讨论神灵、城邦的法律和习俗更重、更罕见的罪行的时代，它所表达的含义能与我们今天理解的相同吗？而像"祖国"这样的词，在雅典人或斯巴达人心里，只能意味着对雅典或斯巴达的热爱，绝不可能是对希腊——这个由总是打仗的敌对城邦构成的国家。同样是"祖国"这个词，在古代高卢人那里又是什么含义呢？那时的高卢人分属三个种族、语言和宗教均不同的敌对部落，恺撒轻而易举就征服了他们，因为他总能在高卢人中找到盟友。只有罗马给了高卢人一个政治、宗教统一的祖国。甚至不用回溯那么远，就说200年前的法国亲王，

---

① 贵族共和制与民主共和制相对。贵族共和制的选举是在奴隶主阶层中进行，古希腊和古罗马都曾采用过这一制度。民主共和制的选举是在所谓的公民中进行的，这种制度萌芽于16世纪，到法国大革命时正式确立，并在以后的200多年间被多数资本主义制度国家所接受。——译注

比如与外国结盟反对自己君王的大孔代①，他们眼中的祖国与今天祖国的含义相同吗？同样是这个词，法国大革命时期流亡国外的法国贵族们所理解的含义，肯定也与今天的含义大相径庭。对他们来说，与法国作战是遵循了荣誉法则。在他们看来的确如此，因为封建法律确立的是附庸与领主的关系，与土地无关，所以对他们来说，君王在哪里，哪里就是他们的祖国。

很多词汇的含义已随着时代变迁发生了深刻转变，只有经过大量研究，才能明白当时的人们是如何理解它们的。有人说得很对，仅仅是理解我们曾祖辈眼中"国王"和"王室"等词的含义，都需要大量阅读，更何况那些更复杂的词汇。

因此，词汇的含义是可变和暂时的，会随着时代变化和民族不同而改变。当我们想要通过它们来影响群体时，必须知道它们当下对群体来说意味着什么，而不是考虑它们过去意味着什么，或者对心理结构不同的个人来说意味着什么。

因此，**当群体经历了政治动荡和信仰转变后，开始对某些词汇唤起的形象深深感到厌恶时，真正政治家的首要任务，就是换掉这些词汇**。当然，并不触及其本质，因为后者与世袭的社会结构结合太过紧密，很难改变。睿智的托克维尔②就指出，

① 大孔代（le Grand Condé）本名路易二世·德·波旁（1621~1686），为波旁家族重要分支——孔代家族的第四代孔代亲王，是 17 世纪欧洲最杰出的统帅之一。曾与西班牙结盟与法国王室开战，失败后，西班牙与法国议和。大孔代得到已亲政的路易十四的宽恕，再次为法国效力。——译注

② 托克维尔（Tocqueville，1805~1859），法国历史学家、政治家、社会学（政治社会学）的奠基人。出身贵族世家，经历过五个"朝代"（法兰西第一帝国、波旁王朝、七月王朝、法兰西第二共和国、法兰西第二帝国）。法兰西第二共和国时期担任过制宪议会和立法议会议员。主要代表作有《论美国的民主》《旧制度与大革命》。——译注

执政府和帝国[①]的主要工作就是给大部分旧制度安上新名字，也就是，将那些会在群体的想象中唤起不快形象的名字换掉，替以不会产生如此联想的新名字。比如，地税从"taille"（人头税）改成了"contribution foncière"（土地税），盐税从"gabelle[②]"改成了"impôt du sel"（盐税），间接税从"aides"（商品税）改成了"contributions indirectes"（间接税）和"droit réunis"（联合税），营业税从"taxe des maîtrises et jurandes"（行会师傅和管事的税）改成了"patente"（营业税），等等。

政治家的主要职责之一，就是用受欢迎的或至少是中性的词汇，给那些群体无法忍受其名字的事物重新命名。词汇的力量太强大了，哪怕是群体最讨厌的东西，只要恰当地取个名字，就能使之被群体接受。丹纳准确地指出，雅各宾党人就是利用"自由""博爱"这类当时很受欢迎的字眼，"建立起堪比达荷美王国[③]的专政，不逊宗教裁判所的法庭，开展不输古墨西哥的大屠杀"。统治艺术，跟律师之道差不多，主要就是善于拿捏字句。这门艺术的最大难处在于，对于处同一个社会却分处不同社会阶层的人来说，相同的词汇常常有着不同的含义。表面上

---

① 分别指 1799~1804 年的法国执政府和后来的法兰西第一帝国。法兰西第一共和国经历了吉伦特派统治、雅各宾派专政、热月党的督政府、拿破仑为首的执政府四个阶段。1804 年拿破仑称帝，法兰西第一共和国被法兰西第一帝国取代。——译注

② 它首次出现是在法国圣路易国王在 1244 年颁布的法令中，当时只是临时推出这项盐税，在很大程度上与当年决定参与十字军东征有关。1341 年，在瓦卢瓦王朝建立后，才正式设立这一盐税——译注

③ 达荷美王国（Dahomey）于 17 世纪建立，曾是西非最强大的帝国之一，因参与"黑三角贸易"和血腥残暴的统治而臭名昭著。后沦为法国殖民地。今贝宁共和国前身。——译注

用的是相同的词汇，说的却是不同的语言。

　　在上述例子中，我们把时间当作词汇含义发生改变的主要因素来考量。如果再考虑种族这一因素，我们会看到即使是同一个时代，对那些文明程度相同，种族却不同的民族来说，相同的词汇也往往具有极其不同的意义。如果没有广泛游历的经历，是不可能理解到这种不同的，所以我就不在此反复强调了。我只想指出一点，群体使用越多的词汇，在不同民族中的含义差别就越大，比如今天频繁使用的"民主"和"社会主义"。

　　其实，在拉丁民族和盎格鲁–撒克逊民族的心中，这两个词所对应的观念和形象完全相反。对拉丁民族来说，"民主"这个词主要意味着个人意志和能动性在国家意志面前的消亡。国家越来越多地负责管理一切，国家集中、垄断并制造一切。所有政党，无论是激进党、社会主义党还是君主主义党，无一例外都严重依赖国家。而在盎格鲁–撒克逊民族中，尤其在美国，同样的"民主"，则刚好相反，意味的是个人和个人意志极大发展，国家意志尽可能消失，除了警察、军队和外交关系外，国家什么都不管，甚至包括教育。所以，同一个词，对一个民族来说，意味着个人意志和能动性的消失和国家意志的绝对主导，而对另一个民族来说，却意味着个人意志和能动性的极端展现和国家意志的完全消失①，这完全是两种不同的概念。

---

　　① 我在《民族进化的心理定律》一书中，用了大量篇幅来阐述拉丁民族和盎格鲁–撒克逊民族的民主理想的区别。——作者注

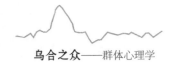

二、幻想

自文明诞生开始，群体就一直受到幻想的影响。他们为那些给他们制造了幻想的人，建造了最多的庙宇、塑像和祭坛。无论是过去的宗教幻想，还是今天的哲学和社会幻想，我们总是能再见到这种可怕的力量，它们领导了我们这个星球上相继绽放的所有文明。正是以它们的名义，人们建立起了迦勒底[①]和埃及的神庙，以及中世纪的宗教建筑。也正是因为它们，一个世纪前的整个欧洲经历了大动荡，而我们的艺术、政治和社会的思想无一不打上它们的强力烙印。人们有时会打破它们，不惜以可怕动乱为代价，但似乎又总是不得不把它们重新复原。似乎没有它们，人类就走不出原始野蛮，没有它们，人类很快会再次回到原始野蛮。无疑，它们只是虚妄的幻影。但是，正是这些梦想的产物，促使人们创造出了灿烂的艺术和伟大的文明。

"如果我们把博物馆、图书馆里和教堂前广场上，所有受到宗教启发的艺术作品全部摧毁，那么，人类伟大的梦想还剩下什么？"一个总结了我们观点的作者写道，"给人类一点希望和幻想吧，否则他们将无法存活。这正是神灵、英雄和诗人存在的理由。科学担起这一任务 50 年了，但它在渴望理想的人们心中没什么好感，因为它不敢随便允诺，也不太懂如何撒谎。"

---

① 迦勒底王国（la Chaldée，公元前 626~前 539），即新巴比伦王国，由居住在两河流域南部的迦勒底人所建。——译注

　　上世纪的哲学家们热诚地致力于消除我们祖辈赖以生存了好几个世纪的宗教、政治和社会的幻想。在消除它们的同时，也汲干了人们希望和归顺的源泉。在这些被消除了的幻想背后，他们发现的是冷酷无情的自然力量。这种力量对弱者视若无睹、充耳不闻，根本不知怜悯为何物。

　　尽管有了很大的进步，但哲学还是未能向民众提供能让他们着迷的理想。由于民众无论如何都需要幻想，所以他们本能地，飞蛾扑火一般地，扑向那些向他们兜售幻想的演说家。推动民族演化的主要因素，从来不是真理，而是谬误。今天，社会主义思潮之所以如此强大，就是因为它是目前唯一还活着的幻想。尽管有种种反对它的科学论证，但是它仍不断发展壮大。它的力量，主要受到了一群完全无视客观现实、敢于向人们允诺幸福的人的捍卫。如今，这种社会幻想笼罩在这片由过去堆积起来的废墟上，未来是属于它的。群体从未渴求过真理。当面对令他们感到不快的事实时，他们会转过头去。他们更愿意将谬误奉为神明，只要谬误蛊惑了他们。**谁能给他们带来幻想，谁就能轻易主宰他们。谁试图浇灭他们的幻想，谁就会成为他们的刀下亡魂。**

三、经验

　　要在群体心中牢牢树立起真理，并摧毁业已危险的幻想，经验大概是唯一有效的手段。但前提必须是大规模的、反复重复的经验才行。一代人的经验，对下一代人通常没用。因此，援引史实作为论据进行论证，没有什么效果。它们唯一的作用

就是，证明了经验是如何需要一代接一代重复，才能施加些许影响，并成功撼动群体心中某些根深蒂固的错误观念。

十八十九世纪，也许会被未来的历史学家称作一个经验奇特的时代。从来没有哪个时代进行过如此多的尝试。

规模最大的一次经验应该是法国大革命。为了让人们明白不能依靠纯理论学说来重建社会，当时数百万人被屠杀，整个欧洲陷入动荡 20 年。为了让人们体会到以恺撒为代表的独裁者们会让拥戴他们的民众付出惨痛代价，需要在 50 年内提供两次毁灭性的经验。尽管这两次经验都清楚明白，却仍不足以让民众吸取教训。第一次 300 万人牺牲并遭受一次入侵，第二次国家被分割并不得不组建常备军①。前不久差一点体验到第三次。没体验到也没关系，总有一天会再体验到的。为了让全体人民相信德国庞大的军队已不再像 1870 年前人们所了解的那样，只是一支无害的国民卫队②，需要一场付出惨痛代价的可怕战争。为了让人们认识到贸易保护主义会毁了实行这一政策的民族，需要至少 20 年的灾难性经验。这样的例子简直数不胜数。

---

① 第一次是拿破仑发动的战争。第二次是拿破仑三世发动的普法战争，结果法国战败，拿破仑三世被俘，法国被迫割让阿尔萨斯与洛林，德意志统一，取代了法国在欧洲的霸主地位。——译注

② 群体的主张来自对不同事物的粗浅联想，我在前面已经展示过这一形成机制。我们当时的国民卫队，是由一群温和的店主组成的，毫无纪律可言，根本不能当回事。所有取类似名字的军队都会唤起类似的形象，也就是说，都会被当作是没有威胁的。当时，群体犯的这个错误，他们的领导者也犯了，就如社会舆论常常发生的那样。E. 奥利维耶（Ollivier）在最近的一本书上，记述了梯也尔（Thiers）在 1867 年 12 月 31 日议会上的那次讲话。梯也尔，这个民众说啥就是啥，从未引导过民众言论的政治家，一再强调普鲁士除了拥有一支数量跟我们差不多的正规军外，只拥有一支跟我们类似的国民卫队，所以，不必在意。同样是这个政治家，还断言铁路没有未来。——作者注

四、理性

　　在列举能影响群体心理的因素时，如果不是因为有必要指出理性的负面影响，我们完全可以不提理性这一因素。

　　我们已经指出过，群体不受逻辑推理的影响，他们只能对观念进行粗浅的联想。所以，懂得如何影响群体的演说家都是诉诸他们的情感，而非理性。逻辑法则对他们根本无用[①]。**想要说服群体，首先就要察觉他们当下的主导情感是什么，假装与之共情，然后尝试通过最简单的联想，唤起一些富有暗示性的形象，来改变这些情感。如有必要，还要半路折回，尤其要随时留意他们有否被激起什么新情感**。这种随时根据演说效果调整自己说辞的必要性，使得所有事先精心准备的讲稿都变得苍白无力。演说家如果只按着自己思路走，不顾及听众反应，那么光凭这一点，他影响值就会降为零。

　　讲求逻辑思维的人，习惯于被一系列严密的逻辑推理说服，于是，当他们对群体讲话时，会不由自主地采用这种说服方式，

　　① 我第一次观察到影响群体的艺术以及逻辑推理在这方面的无用，要追溯到巴黎被围时期。那一天，我看到 V 元帅被暴怒的人群带到政府所在地—卢浮宫，声称当场抓住他在测绘防御工事的地图，目的是要卖给普鲁士人。著名演说家、内阁大臣 G. P. 走出来，面对要求立即处死元帅的人群讲话。我以为他会指出这一指控的荒谬性，因为这位被指控的元帅正是这些防御工事的建造者之一，而且这些防御工事的地图在所有书店都有卖。但让我大吃一惊的是——由于我那时还很年轻——他完全是另一套说辞。演说家走近被捕的元帅，大喊："正义从不缺席！法律无情。让国防政府来完成你们的调查吧。在此期间，我们会把他关起来。"人群立即被这个表面的满足平息了怒火，纷纷散去。15 分钟后，这位元帅就回到了自己家中。如果当时演说家对暴怒的人群大讲那时年轻的我认为最有说服力的道理和逻辑，这位元帅肯定当场就被人群大卸八块了。——作者注

却没有效果，这总令他们感到惊讶。"根据三段论推理①，也就是说，根据同一性联想得出的严密推理结果，是必然的……"一位逻辑学家写道，"这种必然性，甚至连一团无机物都不得不赞同，假如它能跟上这种同一性联想的思维的话。"确实是这样，但是群体并不比无机物更有能力跟上这种思维，他们甚至连听都不听。如果我们试着用逻辑推理的方式去说服比如原始人、野蛮人或儿童，会怎样呢？我们会意识到这种论证方式一钱不值。

甚至不需要降到原始人这种水平，就可以看到理性推理在与情感的斗争中多么虚弱无力。我们只需要回想一下，那些与最简单的逻辑相悖的宗教迷信，是多么顽强地存续了好几个世纪。差不多两千年里，连最聪明的天才也屈服于它们的法则定律，一直到现代，它们的真实性才开始遭到质疑。中世纪和文艺复兴时期，明智者大有人在，却没有一个人进行逻辑推理论证，指出这些迷信中幼稚的一面，也没有一个人对那些魔鬼罪行或烧死巫师的必要性产生一丝怀疑。

从来不是理性引导了群体，需要为此感到遗憾吗？我们不敢这么说。无疑，人类的理性，无法伴着激情和勇气将人类引上文明之路，这两样是幻想才能激发的东西。支配人类的是潜意识，作为它的产物，幻想或许是必然的。每个种族的心理结构中，都携带着一些该种族命中注定的法则，他们以难以抑制

---

① 三段论推理是演绎推理中的一种简单推理判断，它的思维过程是根据大前提A和小前提B中具有同一性（相同）的中项，得出结论C，三者缺一不可。它是人们进行数学证明、办案、科学研究等思维时，得到正确结论的科学性思维方法之一。——译注

的本能服从的或许就是这些法则，甚至那些看起来最莫名其妙的冲动也是如此。人类有时似乎会服从一些神秘的力量，这些力量类似于可以把橡子变成橡树，让彗星沿着轨道运行。

要想对这些力量有一点点感知，就必须去各民族的整个演化进程中去探寻，而不是局限于那些似乎导致了民族演化的孤立事件。如果我们只局限于这些孤立事件，历史似乎就是由荒谬的巧合写就的。加利利地区一个没文化的木匠①在两千年时间里，成为一个无所不能的神，并以他的名义建立了最重要的文明，实在匪夷所思。同样匪夷所思的是，几群从沙漠里走出来的阿拉伯人，征服了古希腊罗马世界的大部分疆土，并建立起比亚历山大大帝时期更大的帝国。还有，在古老的、等级制度森严的欧洲，一名不起眼的炮兵中尉②，竟然成功征服了这里的众多民族及其国王。

因此，我们还是把理性留给哲学家吧，让它不要太过介入人类的管理。到目前为止，所有文明的推动力都是荣誉、无私、宗教信仰、追求荣耀、热爱祖国这类情感。它们不是由理性产生的，甚至往往是在不顾理性反对的情况下产生的。

---

① 指耶稣。耶稣出生于木匠家庭，也曾当过木匠，他传道是从巴勒斯坦北部地区的加利利开始的。——译注

② 指拿破仑。法国大革命后，年轻炮兵中尉拿破仑·波拿巴凭借其显赫的战功逐渐登上了权力的顶峰。他在法国执政期间多次对外扩张，成为意大利国王、莱茵邦联的保护者、瑞士联邦的仲裁者、法兰西帝国殖民领主（包含各法国殖民地、荷兰殖民地、西班牙殖民地等）。在最辉煌时期，欧洲除英国外，其余各国均向拿破仑臣服或结盟（摘自约翰·霍兰·罗斯：《拿破仑一世传》，商务印书馆）。——译注

第三章　群体首领及其说服方式

提要：①群体的首领。所有结群生物都有服从首领的本能需要／首领的心理／只有首领能创造信仰，并把群体组织起来／首领必然独裁／首领的类别／意志的作用。②首领的影响手段。断言、重复和传染／这些因素各自的作用／传染如何能从社会底层上到社会高层／民众主张会很快成为普遍主张。③威望。威望的定义和分类／外源性威望和内源性威望／各种例子／威望如何消失的。

现在，我们已经了解了群体的心理结构，也了解了能影响群体心理的各种因素。现在，我们要研究应该如何利用这些因素，以及通过谁才能有效地运用。

一、群体的首领

不管是动物还是人，一定数量的生物只要聚集到一起，就会本能地置身于一个首领的权威之下。

在人类群体中，真正的首领往往就只是带头的那个，但是，正因此，他扮演了重要的角色。他的意志是群体意见形成并同

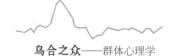
化的核心。他是异质群体组织的第一构成要素，是他使组织为成为某一派别做好准备。在这之前，他来领导他们。**群体是一群群居的羊，不能没有首领。**

首领最初往往也是被领导的。他自己也被某种思想催眠，继而成为这种思想的拥趸。这种思想侵占了他的心灵，以至于除了它，其他所有思想全部消失，所有对立观点对他来讲都是谬误和迷信。比如，罗伯斯庇尔，他被卢梭的哲学思想[①] 催眠，动用宗教裁判所的手段来传播它。

首领通常不是思想家，而是行动家。他们没有远见，也不能有远见，远见往往导致怀疑和不行动。首领通常都是些神经症人、狂热分子，或者处于疯狂边缘的准精神病人。不管他们捍卫的思想或追逐的目标多么荒谬，一切逻辑推理在他们信仰面前都会失效。蔑视和迫害都无法触动他们，只会更加刺激他们。个人利益和家庭，都可以牺牲。甚至他们身上的自我保护本能都消失了，以至于唯一要求的回报就是成为殉道者。信念的强烈，使得他们的语言带有强大的暗示力量。群体总是愿意倾听意志强大且懂得如何把意志强加给他们的人讲话。集结成群的人完全失去了个人意志，会本能地转向某个具有意志的人。

各民族从来不缺首领，但不是所有首领都具有使徒般强大的信念。这些首领往往只是机智的演说家，只追逐个人利益，通过迎合低级本能来说服民众。通过这种方式产生的影响可能

---

① 卢梭在《社会契约论》中提出的主权在民的思想，是现代民主制度的基石，深刻地影响了欧洲的革命运动和英属北美殖民地的独立战争。法国大革命领袖罗伯斯庇尔是卢梭的热烈拥护者。——译注

是巨大的，但总是非常短暂。善于鼓动人心的伟大说客，比如隐士彼得①、路德②、萨沃纳罗拉③以及法国大革命那些人，都是先自己被某种信仰迷住之后，再去迷惑别人的。如此，他们才能在民众心中创造出一种被称为信仰的强大力量，使人完全沦为自己梦想的奴隶。

创造一种信仰，不管这种信仰是宗教信仰、政治信仰、社会信仰，还是对一项工作、一个人或一种思想的信仰，这就是伟大领袖的主要作用，这也是他们影响力如此之大的原因。**人类拥有的所有力量中，信仰的力量总是最强大**。《福音书》上说它具有移山填海之力，这是有道理的。人有了信仰，力量就会倍增。历史上的重大事件都是由一些不起眼的信徒发起的。对他们来讲，除了信仰，一无所有。那些统治世界的伟大宗教的创立，以及横跨半个地球的庞大帝国的建立，都不是依靠文人和哲学家，尤其不是靠怀疑论者。

不过，这几个例子涉及的都是一些重要领袖，这样的领袖很少，少到历史可以随便用几个号就可以把他们排完。他们处在各自组织金字塔的顶端，金字塔从这些强大的人心操纵者一直下降到普通的工人。底层的普通工人，在烟雾弥漫的小酒馆

---

① 隐士彼得（Pierre l'Ermite，1050~1115），法国 11 世纪著名教士，是十字军东征的鼓吹者，曾鼓动数万贫民加入十字军。——译注

② 马丁·路德（Martin Luther，1483~1546），16 世纪欧洲宗教改革倡导者，基督教新教路德宗创始人。——译注

③ 萨沃纳罗拉（Savonarole，1452~1498），多明我会修士，佛罗伦萨宗教改革家。曾担任佛罗伦萨的精神和世俗领袖，以反对文艺复兴艺术和哲学、焚烧艺术品和非宗教类书籍、毁灭他认为不道德的奢侈品，以及严厉的布道著称（摘自网络）。——译注

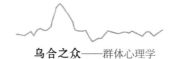

里，不停地重复一些他自己也不大明白的格言，虽然他自己也不大明白，但是据他说，只要把这些格言付诸实践，就一定能实现所有的梦想和希望，他周围的同伴就慢慢被他迷惑。

在所有社会阶层中，从最高社会阶层到最低社会阶层，人一旦结群，很快都会跌入一个首领的权威之下。大部分人，尤其是普通民众，除了自己的专长，对任何事情都没有明确且富有逻辑的看法。他们没有能力找到方向。首领就充当了他们的向导。必要时，这种首领作用也可能被一些期刊替代，它们可以为读者炮制观点，援引免去思考的套话，但是这种作用非常有限。

首领都是非常独裁的，也只有通过独裁，才能树立其权威。我们常常可以看到，尽管背后并没有支撑其权威的手段，他们却那么轻易地得到了最骚乱的工人阶层的服从。由他们来规定工作时长和工资水平，由他们决定是否罢工以及罢工何时开始和结束。

今天，随着政府遭到质疑，力量日趋衰弱，群体首领们越来越趋向于取而代之。这些新主子施行的专政，让群体服从他们时，比以往服从任何一个政府都更温顺。假如，**由于某种意外，首领没有了，又不能立即找到替补，群体就会重新变成没有凝聚力和抵抗力的一盘散沙。**在一次巴黎公车职员罢工中，只逮捕了两名首领，罢工就立即停止了。**群体心中最需要的不是自由，而是奴役。**他们的服从渴望，让他们本能地服从自称是他们主人的人。

我们可以对首领类别进行明确划分。第一类首领，精力充沛、意志强大但持续时间短，第二类比第一类罕见得多，这类

首领意志强大且持久。第一类粗暴、勇敢、大胆。他们的作用主要表现在可以助民众一臂之力，可以不顾危险带领民众，把前一天刚招的新兵变成英雄。这类首领，比如第一帝国时期的内伊①和缪拉②。还有今天的加里波第③，一个没有才华的冒险家，但能量充沛，带着一小群人就夺取了正规军防守的古那不勒斯王国。

　　不过，这些首领虽然能量强大，但并不持久。外在刺激消失了，他们的能量也会跟着消失。一旦回到普通生活，那些曾经慷慨激昂的英雄，比如我刚刚提到的那几位，就会表现出令人惊讶的无能。他们好像没有思考能力，在最简单的环境下也会不知所措，而曾经他们是多么擅长指挥别人。这类首领，只有在自己也被领导、不断受到外部刺激、总是受到某个人或某种思想指引、有明确的行动纲领时，才能发挥他们的作用。

　　第二类首领，意志持久，尽管没有那么引人注目，却有着更强大深远的影响。在这类首领中，我们可以找到真正的宗教

---

　　① 米歇尔·内伊（Michel Ney，1769~1815），法国大革命及拿破仑战争时期法国将领。35 岁被授予帝国元帅称号。他勇敢无畏，主动性很强，但过于鲁莽和冲动。指挥滑铁卢战役时，只知道蛮冲硬打。滑铁卢失败虽然不全是他的责任，但也负有重要责任。之后被波旁王朝逮捕并处决。为了元帅尊严，他要求处决他时由他自己下令开火。——译注

　　② 若阿尚·缪拉（Joachim Murat，1767~1815），法国军事家，拿破仑一世的元帅（1804 年起）。是拿破仑的妹妹卡罗琳娜·波拿巴的丈夫，后成为那不勒斯国王（1808~1815 年在位）。他以杰出的骑兵指挥官和勇武绝伦的战士著称。——译注

　　③ 朱塞佩·加里波第（Giuseppe Garibaldi，1807~1882），意大利革命家，民族主义运动领袖。他献身于意大利统一运动，是意大利建国三杰之一。由于在南美及欧洲军事上做出杰出贡献，他赢得了"两个世界的英雄"称号。梁启超曾以他为主角写过剧本《英雄情史》。毛泽东也曾表示在信仰马克思主义之前，最崇拜的是华盛顿、拿破仑和加里波第。——译注

创始人，伟大事业的奠基者，比如圣保罗①、穆罕默德、哥伦布、雷赛布②。他们是聪明还是愚钝，并不重要，世界永远是他们的。他们拥有的坚强意志是一种极其罕见的品质，威力无穷，能让一切屈服。人们并不总是能意识到坚强意志的力量——无论是自然、神灵，还是人，没有任何东西能够阻挡它。

关于强大而持久的意志能有多大的力量，雷赛布给我们提供了最新的例子。他把世界凿成了两部分，实现了三千年来最伟大的君主都没能真正实现的壮举③。他后来在一个相同的任务中失败了。但那是因为衰老降临了。当衰老降临时，所有一切都会跟着衰弱下去，包括人的意志。

如果想知道仅凭意志能干成什么，只需要了解下开凿苏伊士运河都克服了一些什么样的困难就行了。见证人卡扎利斯博士（Cazalis）用几行生动的文字概述了这位不朽伟人是如何讲述这项伟大工程的："他每天都在讲述这部运河开凿史诗的各个片段。讲他必须克服的一切困难，讲所有已被他变成可能的不可能，所有阻碍，反对他的联盟，他经历的种种失望、挫折和

---

① 圣保罗（Saint Paul，公元 3~67），亦称圣保禄，原名扫罗（Saul），称圣是因为天主教廷将他封圣，但新教则通常称他为使徒保罗。历史学家公认他是对于早期教会发展贡献最大的使徒。——译注

② 斐迪南·德·雷赛布（Ferdinand de Lesseps，1805~1894），法国外交官，苏伊士运河开凿者。1859 年 4 月组织开凿苏伊士运河，1869 年 11 月通航，被捧为法国民族英雄。1879 年，74 岁高龄时再次负责巴拿马运河开凿，因资金等原因失败，被判监禁 5 年。虽然后来判决被撤销，但雷赛布深受打击，不久后离世。——译注

③ 苏伊士运河开凿历史可能远至埃及第十二王朝（公元前 2000~前 1786），法老辛努塞尔特三世（Senusret Ⅲ，其名字即为"苏伊士"一词的来源）下令挖掘了一条连接红海与尼罗河的运河，实现地中海、尼罗河和红海三通。此后 3000 多年时间里，运河多次被荒废、重建、改进、摧毁，又重建。——译注

失败。但这些从来没有令他泄气，也没有击倒他。他回忆起英国不停反对他、抨击他，埃及和法国则是犹豫不决。工程之初，法国领事的反对比谁都强烈。人们阻挠他，拒绝向他们提供淡水，想让工人们渴死。海军部的人和工程师们，所有这些严肃认真、有经验、懂科学的人，都反对他，都从科学角度断言这会是场灾难。他们通过计算作出预言，就像预言日食何日何时会出现一样。"

即使一本介绍领袖生平的书打算将所有这类伟大领袖囊括进去，它也不会包含太多名字。虽然这样的名字不多，但是人类文明和历史上最重大的事件都打上了它们的烙印。

二、首领的影响手段：断言、重复和传染

如果要在短时间内鼓动群体，让他们下定决心去做任何一件事，比如抢劫宫殿，或为了保护要塞、街垒而牺牲自己，就要通过快速暗示这一方式。其中最有效的，还是榜样的力量。不过此时群体应该已经经由特定情况而做好了思想准备，更为重要的是，**想要鼓动群体的人，应该拥有我后面将要探讨的那种特性，即威望。**

但是，如果是要把一些思想和信仰渗透进群体心里，比如说现代社会理论，首领的办法就不同了。他们主要借助三种明确的手段：断言、重复和传染。作用过程会非常慢，但是一旦奏效，效果就是持久的。

断言，比较纯粹和简单，完全没有推理和论证，是让观念渗透进群体心里的最有效方法之一。**断言越简洁，越没有论证**

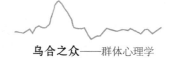

和证据，就越有权威。宗教典籍和各时代的法令，都是借助于简单的断言。号召人们捍卫某项政治事业的政治家，通过广告推广产品的企业家，都懂得断言的价值。

然而，断言要想真正发挥作用，还需要以相同的措辞，不断重复，尽可能多地重复。我认为拿破仑应该说过一句话——唯一重要的修辞手法就是重复。通过重复的方式，被断言的事情才能渗透进群体心里，像经过检验的真理一般被群体接受。

只要看看重复对最清明的大脑能产生多大影响，我们就能很好理解重复对群体的影响了。不断重复的事情之所以具有如此影响力，是因为它成功嵌刻进了人的潜意识深处，这里正是人类行为动机产生的地方。一段时间后，人们就会忘记这些重复的断言是谁做出的，于是只剩下了相信。广告的惊人力量就来源于此。当我们一百次、一千次读到"X 牌巧克力是最好的巧克力"后，就以为四面八方都在这样说，最后我们就确信了。当我们上千次听到 Y 牌药粉治好了某某大人物最顽固的疾病后，当有一天我们也患了同样的病，自然就会想到试一试。如果我们总是在一家报纸上读到 A 是十足的坏蛋，B 是十分正直的人，最后我们就会深信这一说法。当然，前提是我们不常阅读另一家观点相反，也就是对两人评价完全相反的报纸。断言和重复都威力巨大，只有它们可以相互抗衡。

当一个断言被重复足够多次，并且在重复过程中保持了措辞的一致性时，比如就像某些著名金融机构做出的市场判断那样——这样的金融机构资金雄厚得可以收买所有媒体协助其鼓吹观点——就会形成所谓的主流意见。这时，强大的传染机制就开始启动。在群体中，观念、情感、情绪和信仰拥有的传染

力跟细菌一样强大。这是一种很自然的现象，因为我们在成群的动物身上也能观察到。马厩里一匹马吞咽空气或咬秣槽的怪癖，很快就会被同一马厩的其他马模仿。几只绵羊的恐慌和混乱，很快就会传遍整个羊群。在人群中，所有情绪都会快速传染开去，所以恐慌总是来得特别突然。大脑的混乱，比如精神病，也是会传染的。我们都知道，精神病医生也常常得精神病。甚至最近还有人提到某些精神病，比如旷野恐惧症，会从人传染给动物。

　　传染并不要求个体同时出现在一个地方。在某些事件影响下，传染也可以远程进行，只要这些事件将所有人引向同一个方向，并赋予他们群体特有的特征，尤其是当这些人已因我前面所讲的间接因素而做好了思想准备时。比如，1848 年爆发于巴黎的大革命，迅速波及欧洲大部分地区，动摇了许多君主政体。

　　人们认为对社会现象有着重要影响的模仿行为，其实只不过是传染的一个结果而已。由于已在其他地方论述过它的影响，我在此就只引用我 20 年前讲过的一段话，别的作家在最近的出版物中还对它进行了补充：

　　"跟动物一样，模仿也是人类的一种天性。对人类而言，模仿是一种需要，但前提是这个模仿没有难度。模仿这一需要使得所谓的潮流具有强大的影响力。无论是主张、思想、文学创作，还是仅仅是服装，有多少人敢逆潮流而行？引导群体靠的不是逻辑论证，而是榜样。每个时代都有少数人因他们的某些光辉事迹而成为大众不自觉模仿的对象。但是，这些人不能脱离大众的认知水平太远。否则，模仿太过困难，影响就会大打

折扣。正是这个原因，那些太过超前的人往往对他身处的时代没什么影响。差距太大了。出于同一原因，欧洲人尽管在文明方面有诸多优势，但对东方民族的影响也微乎其微。两者的差异太过明显了。

"过去和相互模仿的双重影响，使得同一国家、同一时代的所有人如此相似，以至于即使那些看起来最能摆脱这类影响的人，比如哲学家、学者和文学家，他们的思想和风格也如出一辙，使人一眼就能认出他们所处的时代。和一个人不需要谈太久，就能完全了解他平时读什么书，做什么事，以及所处的社会阶层。"①

传染的力量太过强大，它不仅可以将某些观点强加于人，甚至还能强加某种感知方式。传染使人在某个时期蔑视一部作品，比如《汤豪瑟》②，但几年以后，又使曾经最贬低它的人对它赞赏有加。

群体的主张和信仰主要是靠传染的方式传播的，从来不是靠逻辑推理。工人当前的观念就是在小酒馆里，通过断言、重复和传染的方式，得以确立的。从古到今群体的信仰皆是如此。勒南③将基督教初期的创立者准确地比作"一个小酒馆接一个小酒馆地传播思想的社会主义工人"。伏尔泰在讲到基督教时也

---

① 居斯塔夫·勒庞：《人与社会》（第二卷），1881 年，第 116 页。——作者注
② 《汤豪瑟》（*Tanhauser*）是德国作曲家理查·瓦格纳的一部歌剧。全剧的中心是表现宗教与情欲间的矛盾和斗争。1845 年，首次在德累斯顿大剧院演出，但演出失败了。因为公众对瓦格纳的许多新尝试不理解，把它看作是狂妄之作。后来公众才逐渐理解并喜爱这部作品。——译注
③ 厄内斯特·勒南（Ernest Renan，1823~1892）法国宗教学家、作家、历史学家，孔德实证主义继承人之一，著有《耶稣传》《以色列史》等作品。——译注

表示，"在一百多年时间里，只有最卑贱的下层人拥护它。"

　　我们会注意到，在类似我刚刚举的例子中，传染在平民阶层完成之后，就会接着向较高社会阶层蔓延。我们今天面对的就是如此情况，社会主义思想已经开始征服那些明显会成为第一批受害者的人。传染机制如此强大，以至于在它的作用下，个人利益全都抛诸脑后。

　　这就是为什么，凡是为民众普遍接受的主张，最终都会让最高阶层的大人物们接受，不管这些主张有多荒谬。由于民众的信仰或多或少总是源于社会高层的一些思想，这些思想却对它诞生的社会阶层影响甚微，因此社会底层对社会高层的这种反作用就显得更奇怪了。被这些源于社会高层的思想征服的首领，抓住这些思想，改造它，并创立一个派别，派别又改造它，然后在群体中传播，群体又继续改造它，变化就越来越大。

　　成为普遍真理之后，它又以某种方式重回源头，对社会高层产生影响。**说到底，引领世界的还是才智，但是它离世界的距离实在是太远了。**当这些思想通过我刚所说的机制，最终取得胜利的时候，创立这些思想的哲学家们早已尘归尘，土归土了。

三、威望

　　通过断言、重复和传染三种方式传播的思想，具有强大的威力，这是因为它获得了一种神秘的能量，叫作威望。

　　所有统治了这个世界的，不管是思想还是人，基本上都是凭借了这一不可抗拒的能量，即威望。我们都知道这个词的含

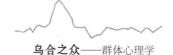

义，但是由于使用得太多太杂，反而不容易准确定义它。威望可能会涉及某些情感，比如钦佩或畏惧，有时它们甚至构成了威望的基础，但有时也可以完全不依赖它们而存在。比如拥有最高威望的，都是些作古之人，因此我们也不会畏惧他们，如亚历山大、恺撒、穆罕默德、佛陀。另外，有些人或有些虚构形象，我们对他们并无钦佩之情，比如神秘的印度寺庙里的可怕神灵，却依然让我们觉得具有巨大威望。

其实，威望是一个人、一部作品或一种思想对我们实施的精神统治。这种统治麻痹了我们所有的判断力，让我们心灵充满震撼和崇敬。被激发起的这类情感，就像所有情感一样很难解释，但是应该与被一个能量场极高的人慑服差不多。**威望是一切统治最有力的支撑。没有它，无论是神灵，还是国王或女人，都无法让人臣服其脚下。**

我们可以把威望分为两种类型：外源性威望和内源性威望。外源性威望是由姓氏、财富和名声赋予的，可以独立于内源性威望。内源性威望则相反，是个人自身的东西，可以与名声、荣耀和财富共存，也可以被它们加强，但没有它们也照样可以存在。

外源性威望，或者说人造威望，最为普遍。一个人只要身居高位要职，拥有一定财富，冠上唬人的头衔，就有了威望，不管这个人本身多么没有价值。穿制服的军人，着红袍的法官，永远具有威望。帕斯卡①说得很对，对法官来说，红袍和假发

---

① 布莱士·帕斯卡（Blaise Pascal，1623~1662），法国数学家、物理学家、哲学家、散文家。代表作有哲学散文集《思想录》，对人性、人生、社会、哲学和宗教等问题进行了深入的探讨。——译注

都是必须的。没有这两样东西，法官就会丢掉四分之三的威望。即使是最桀骜的人，看见君王或侯爵时也总是会激动兴奋。只要拥有这些头衔，就可以随意从商人那里骗走我们想要的任何东西①。

我刚刚讲的威望都是人身上具有的。还有一种威望来自一些思想、文学作品或艺术品等。这种威望通常是因重复累积而成的。历史，尤其是文学史和艺术史，只不过是相同评判结果的重复，没有人试图提出批评。最终，每个人都在重复学校里学的那一套，有些名字或东西没人敢去触碰。对于现代读者来说，荷马的作品无疑非常枯燥无聊，但谁敢这样说？帕特农神庙，以现在的状况而言，就是一堆毫无看头的废墟。但它拥有极高的威望，所以我们参观它时总是会带着对它恢宏历史的记忆。**威望的特点，就是它会阻碍人们看到事物本来的样子，麻痹人们的判断力。群体和普通人总是在任何事情上都需要现成观点。有些观点之所以受到拥护，与它们本身对错无关，只因为它们有威望。**

---

① 头衔、绶带和制服对群体的这种影响，在所有国家都存在，即便是那些个人独立意识最强的国家。最近一个游客出版了一本有关一些人在英国享有的威望的书，我在这里引用其中一段有趣的话：

"在许多场合我都发现，在接触或看到英国贵族时，即使是最理性的英国人也会变得兴奋异常。

"只要他的财富能够匹配他的社会地位，人们就先入为主地喜欢上他了，然后在遇到他时着魔般地愿意忍受他身上的一切。当他走近时，人们会高兴得脸都红起来，如果再对他们讲话的话，他们更是会乐得满脸通红，眼中闪烁着异样的光芒。如果可以的话，我想说他们天生就追捧贵族，就像西班牙人天生热爱舞蹈，德国人天生迷恋音乐，法国人天生热衷革命一样。他们对骏马和莎士比亚的热情也没有这么强烈，从中获得的满足感和自豪感也没有这么深刻。《贵族》一书十分畅销，就像《圣经》一样，无论在多么偏远的地方都能看到，人手一本。"——作者注

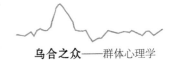

　　现在，我来讲讲内源性威望。它的性质与我刚刚讲的人造威望或外源性威望的性质迥然不同。这是一种与任何头衔、权力都无关的特性，只有少数人拥有它。拥有它的人会对周围的人施加一种磁场般的吸引力，即便他们与周围人的社会地位相等，不存在一般意义上的上下级关系。他们可以把他们的观点和情感强加给周围的人。人们服从他们，就像凶猛的野兽服从它们原本可以轻易吞掉的驯兽师。

　　民众的伟大领袖，比如佛陀、耶稣、穆罕默德、圣女贞德①和拿破仑，都拥有很高的这种威望。正因为这种威望，他们才使人崇拜和敬服。那些神灵、英雄和信条都有迫使人接受的这种能量，且不容讨论。**一经讨论，威望就化为乌有了。**

　　我刚刚列举的大人物们，早在成名之前就已拥有了这种令人着迷的魅力。当然，没有这种魅力，他们后来也成不了大人物。比如说，拿破仑站到荣耀的巅峰时，仅凭手中的权力，就树立了巨大的威望。但是这种威望在他还无权无势、默默无闻的时候，就已经部分拥有了。当他还只是一名普通将军时，倚仗靠山，被派去指挥意大利军队。一群粗鲁的将军等待着他。这群将军已经准备好，要给这位督政府派来的年轻僭越者一个下马威。但是从第一分钟起，从第一次会面起，在没有语言、

----

　　① 圣女贞德（Jeanne d'Arc，1412~1431）法国的军事家，天主教圣人，被法国人视为民族英雄。1492年，她带领法国军队对抗英军的入侵，最后被捕并被处决。贞德死后成了西方文化中的一个重要角色。从拿破仑到现在，法国的政治人物都曾以她的伟大形象进行宣传，包括莎士比亚、伏尔泰、席勒、威尔第、柴可夫斯基、吐温、萧伯纳、布莱希特在内的作家和作曲家，都创作过有关她的作品，而大量以她为题材的电影、戏剧和音乐也一直持续发展至今（摘自百度百科）。——译注

没有手势、没有恐吓的情况下，只是看了一眼这位未来的伟人，他们就被征服了。丹纳根据当时一些人的回忆，对这次会面做了有趣的描述：

"师部的将军们，包括奥热罗①——一个英勇而粗野，颇为自己高大身材和无比勇气自豪的军人——都很不高兴去司令部见这个巴黎派来的矮个子新贵。听完对这个人的介绍后，奥热罗第一个骂起来，一脸的拒不服从：巴拉斯②的宠臣，一个葡月将军③而已，靠街头镇压起来的，被人称作熊，因为他老是一个人在思考，小矮子一个，居然还有数学家和梦想家的名声。将军们被引进去，但拿破仑让他们一直等着。终于，他出现了，佩着剑，戴上军帽，宣布计划，下达命令，然后就让他们离开了。奥热罗一直大气不敢出，直到走到外面，才恢复自如，像往常一样骂出声来。他说他完全同意马塞纳④的说法，这个矮个子……将军让他感到害怕。他不明白为什么在看到拿破仑第

---

　　① 夏尔·奥热罗（Charles Augereau，1757~1816）生于巴黎，戎马一生，曾服役多国军团。1795年任意大利军团少将师长，次年随拿破仑远征，后被授予第一帝国元帅。——译注

　　② 保罗·巴拉斯（Paul Barras，1755~1829），法国大革命期间督政府中最有权势的人物，是他发现和举荐了拿破仑。据说拿破仑的第一任妻子、法兰西第一帝国的第一位皇后约瑟芬·博阿尔内，曾是巴拉斯的情妇。巴拉斯为了掌控拿破仑，把约瑟芬安排给拿破仑。——译注

　　③ 1795年8月，热月党控制的国民公会颁布了新的共和三年宪法，遭到广泛反对。反对派于10月3日发动暴动。暴民们四处修筑街垒，试图绞杀新生的革命政权。拿破仑拉出40门大炮，炮轰街垒，镇压了暴动。按法兰西共和历，当时为葡月，所以这次暴动被称为"葡月暴动"。拿破仑因镇压了这次暴动，获得了"葡月将军"称号。——译注

　　④ 安德烈·马塞纳（André Masséna，1758~1817）拿破仑时代杰出的军事家，是1804年拿破仑称帝后首批获授帝国元帅的18名法军将领之一。拿破仑称赞他是帝国中最响当当的人。——译注

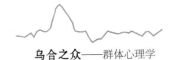

一眼时就被他身上的气势给镇住。"

成为大人物以后，拿破仑因荣耀而威望剧增，完全成了信徒眼中的神一般的存在。旺达姆（Vandamme）将军，一个参与过大革命的粗野军人，比奥热罗还要粗暴和野蛮。1815年的某一天，在与多纳诺①元帅一起登上杜伊勒里宫的台阶时，他对多纳诺元帅说：

"亲爱的，这个魔鬼一样的家伙好像对我施了我自己都察觉不到的魔法。要知道，我这个人不怕神，也不怕鬼，但每当我靠近他时，就会像小孩一样发抖，好像他要将我从洞口扔进火炉里去一样。"

拿破仑对所有靠近他的人，都有这种魔力②。

达武③在谈到他和马雷④对拿破仑的忠诚时说道，"如果陛

---

① 多纳诺（d'Ornano）家族先后出过三名元帅。这里指的应该是菲利普–安托万·多纳诺，他是拿破仑的表弟，与曾是拿破仑"波兰夫人"的玛丽·瓦勒夫斯卡结了婚。他原本只是伯爵和帝国将军，直到拿破仑三世时才晋升为法国元帅。该家族先后创立了著名化妆品品牌兰蔻、幽兰和希思黎。——译注

② 拿破仑非常清楚自己的威望，他还懂得进一步提高自己威望的方式就是，对待身边的大人物们要连对马夫都不如。这些人中可有不少都是让整个欧洲都胆寒的著名国民公会议员。当时有不少这方面的故事。有一天，在国务会议上，拿破仑像对待粗鄙的仆人一样粗鲁责骂伯尼奥（Beugnot）。达到效果后，他走到伯尼奥面前，对他说："好了，大傻瓜，找回自己的脑子了吗？"听到这话，高大得像军乐队队长的伯尼奥，深深弯下了腰，而小矮子，则抬起手，揪住了大个子的耳朵。"这是让人陶醉的恩宠信号，"伯尼奥写道，"是仁慈主子的亲昵动作。"这类例子让人清楚地认识到，威望能让人卑躬屈膝到何等程度。这也让人明白，为何大独裁者会对他周围的人如此蔑视，只不过把他们当炮灰罢了。——作者注

③ 路易斯·尼古拉斯·达武（Louis Nicolas Davout，1770~1823），法国大革命战争时期及拿破仑战争时期法国将领，埃克米尔亲王，法兰西第一帝国26元帅之一。——译注

④ 于格·贝尔纳·马雷（Hugues Bernard Maret，1763~1839），担任过首届执政府的国务秘书和外交大臣，深受拿破仑重用，被封为巴萨诺公爵。1815年帮助拿破仑从厄尔巴岛返回。——译注

下对我们两人说：'摧毁巴黎，不准任何人逃走或离开！这对我的政治利益很重要。'马雷应该会保守秘密，这一点我敢肯定，但是他会采取折中，让他的家人逃走。而我呢，怕引起陛下猜疑，我会把妻儿留在巴黎。"

必须牢记这种魔力的惊人力量，才能明白拿破仑为何能奇迹般地从厄尔巴岛重返法国。法国立刻被这个光杆司令征服了，即便这个应该已经厌倦了他独裁统治的大国，组织起了反对他的全部力量。但他只是看了看被派去抓他的将军，这些曾发誓一定要抓住他的将军二话不说就归顺于他了。

"拿破仑，"英国将军沃尔斯利写道，"几乎是孤身一人，像一个逃犯一样，从他的王国厄尔巴小岛回到法国的。仅用几个星期，他就兵不血刃地成功推翻了当时合法在位的国王统治下的所有权力机构。从没有人表现出如此惊人的影响力吧？在那场也是他最后一场的战役中，他对反法联军施加了多么大的影响啊，完全是随意摆布他们。他离打败他们就差一点点啊。"

去世后，他的威望依然存在，并且还在继续增长。正是这个威望，让他庸碌的侄子① 登上了王位。看到他的传奇如今还在流传，我们就知道这个伟人的影响力有多强大。随意虐待人，上百万地屠杀人，不断侵略他国——只要你拥有足够的威望以及维持这一威望的才能，你都可以恣意妄为。

毫无疑问，我这里举的这个关于威望的例子绝对是个例外，

---

① 即拿破仑三世，全名夏尔-路易-拿破仑·波拿巴（Charles-Louis-Napoléon Bonaparte，1808~1873），做过法兰西第二共和国总统，后来成了法兰西第二帝国皇帝。——译注

但要让人理解那些伟大宗教、伟大学说和伟大帝国的诞生原因，这个例子是有帮助的。如果没有威望对群体施加这种影响，它们的诞生就变得难以理解。

但是威望并不只源于个人魅力、军功和宗教敬畏。它也可以有比较普通的来源，其影响也绝不容忽视。我们时代可以提供很多这样的例子。其中最惊人的例子之一，是出自一个将会被世代铭记的著名历史人物——雷赛布。他改变了地球的面貌，从而也改变了两个大陆之间的商贸关系。他事业获得成功，凭借的是他强大的意志，但同时也离不开他对周围人的威慑力。当时平息一致反对的声音，他靠的就是自身的内源性力量。他只讲了一会儿话，他所施展的魅力就使反对者成了好朋友。英国尤其强烈反对他的计划。但他只是去了一趟英国，就赢得了所有的支持。后来，当他经过南安普敦时，钟声一路为他而鸣。如今，英国正着手为他竖一尊雕像。他征服了一切，无论是人还是事，于是，他坚信再没有什么可以阻挡自己，就想在巴拿马再现苏伊士运河的传奇。他用了同样的开凿方法，但毕竟年事已高。另外，虽然强大的信念具有移山填海之力，但前提是山不能太高。这一次，山岿然不动，加上后来的灾祸，打破了围绕在这位英雄身上的耀眼光环。他的一生向我们展示了威望如何可以提高，又如何可以消失。在达到可以与最著名的历史伟人相提并论的高度后，他被自己国家的法官打入了最坏的罪犯行列。去世后，他的棺木凄凉地穿过冷漠的人群。只有外国的元首们把他当作历史上最伟大的人物之一，向他表达了怀念

和敬意①。

　　虽然刚刚举的都是一些很极端的例子，但如果想通过一些细节就了解关于威望的心理，就需要在上至宗教和帝国创立者，下至拼命通过新衣服或首饰来炫惑邻居的普通人的一系列例子中，选择最极端的那些。

　　在这一系列例子的两个极端的中间，还有一些威望，是出自各种文明元素，比如科学、艺术、文学等。我们将看到威望构成了说服技术的最基本要素。不管有意或无意，拥有威望的人、思想或事物，都会通过传染的方式，迅速被人模仿，并且把某种感知方式和思想表达方式强加给整整一代人。而且，这种模仿往往是无意识的，也因此，模仿才变得更完美彻底。那些模仿原始画作的褪淡色彩和僵硬姿态的现代画家，根本意识

---

　　① 一份外国报纸，即维也纳的《新自由报》(la Neue Freie Presse) 在谈到斐迪南的命运时，进行了非常深刻的心理分析，因此，我在此引用：

　　"在斐迪南·德·雷赛布被判决之后，人们就无权再对克里斯托弗·哥伦布悲惨的结局表示惊讶了。如果斐迪南·德·雷赛布是骗子的话，那么所有崇高的幻想都是犯罪。要是在古希腊罗马时代，人们会给斐迪南·德·雷赛布的画像加上神才有的荣耀光环，让他在奥林匹斯神山上畅饮仙露，因为他改变了地球的面貌，进一步完善了神创造的这个世界。判决斐迪南·德·雷赛布的上诉法庭庭长，将永垂不朽，因为人们会不断追问，究竟是谁不怕贬低自己的时代，让一个同时代人都引以为豪的老人穿上了苦役犯的囚衣。

　　"今后，在这种大胆壮举被官僚憎恨的地方，别再跟我们说什么法律公正无私了。民族需要这样自信的勇士，敢于冲破重重障碍，不计个人得失。天才不能谨小慎微。谨小慎微，将永远无法拓宽人类活动的圈子。

　　"……斐迪南·德·雷赛布经历过成功的兴奋和失望的痛苦——苏伊士运河和巴拿马运河。这时，我们要拒绝成王败寇的观念。当斐迪南·德·雷赛布成功连接两个大洋时，君王和民众都向他致敬。今天，面对科迪勒拉山系的岩石，他失败了，就成了一个粗俗的骗子……这不过是社会阶层之间的斗争，是官员们对出类拔萃的人不满，利用刑法进行报复……面对天才的伟大思想，现代立法者手足无措，民众更是云里雾里。因此，对于一个代理检察长来说，要证明斯坦利是凶手，斐迪南·德·雷赛布是骗子，简直是轻而易举的事情。"——作者注

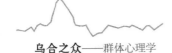

不到自己的灵感源于哪里。他们以为这是源于自己内心的真诚。但如果不是某位杰出大师复兴了这一艺术形式，现代的人还是只能看到这类画作中幼稚和拙劣的一面。还有一些画家以某位著名大师①为榜样，在画布上涂满了紫色的阴影。这些画家在大自然中看到的紫色并不比 50 年前更多，只不过是因为受到了这位著名大师个人独特风格的暗示。尽管风格怪异，这位大师仍获得了极高威望。在所有文明元素中，都很容易找到这样的例子。

通过上述例子，我们可以清楚地看到威望产生的各种因素，其中最重要的因素永远是成功。所有成功的人，所有成功树立的观点，皆因成功本身而不再遭受质疑。**成功是威望的基石之一，证明就是一旦成功消失，威望也会跟着消失。**前一天还受到民众欢呼的英雄，一旦失败，第二天就会遭到民众奚落。威望越高，这种反弹就越强烈。在民众的认知里，落毛的凤凰不如鸡。民众不再承认他们的高高在上，还要为自己曾屈服于他们的高高在上而报复。当罗伯斯庇尔砍下同僚和大批人的脑袋时，他享有了巨大威望。而当他因几票之差丧失权力的时候，这个威望也立即消失了。民众跟在走向断头台的罗伯斯庇尔身后咒骂他的样子，跟他们前一天跟着被罗伯斯庇尔砍头的人走向断头台时，一样。

---

① 应该是指印象派奠基人克劳德·莫奈（Claude Monet，1840~1926），莫奈作品中的深色阴影几乎都采用紫色，花朵、空气、水、土地等都可以是紫色，可以说莫奈将紫色运用到了极致。——译注

失败对威望的剥夺，是迅疾的。讨论也会有损于威望，过程会慢一些，但影响是确定的。可以讨论的威望就不再是威望了。那些长久保持威望的神和人，是从来不容讨论的。要让群体崇拜，就要永远与他们保持距离。

第四章 群体的主张和信仰的变化限度

提要： ①固定的信仰。某些普遍信仰恒久不变／它们是文明的向导／根除它们的难度／为何偏狭对民族来说是美德／普遍信仰在哲学上的荒谬并不妨碍它传播。②群体易变的主张。不是源于普遍信仰的主张极其易变／一些思想和信仰在不到一百年时间里发生的表面性变化／这些变化的实际限度／这些变化的原因／当前普遍信仰的消失以及报纸的大量普及导致主张越来越易变／群体如何对大部分问题都趋向于漠不关心／政府无法再像从前那样主导舆论／当前主张碎片化阻碍了政府独裁。

一、固定的信仰

生物的解剖特征和心理特征之间存在着极高的相似性。在解剖特征中，我们发现有些特征会一直保持不变，或者说变化很小，需以划分地质年代①那样的时间长度来考量。除了这种

---

① 地质年代是指地壳上不同时期的岩石和地层，时间表述单位为宙、代、纪、世、期、时。——译注

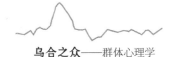

稳定、难以改变的特征外，还有一些非常易变的特征。环境，养殖和种植技术就可以轻易改变它们，有时甚至达到令不太细致的观察者看不出其基本特征的程度。

我们在心理特征上也发现了同样的现象。种族除了有一些顽固不化的心理特征外，也有一些易变的心理特征。因此，在研究一个民族的信仰和主张时，我们总能发现其中有个非常牢固的基础信仰，其他像岩石上的流沙一样易变的主张就附着在上面。

因此，群体的信仰和观念可分为截然不同的两种类型。第一类是恒久而宏大的信念，可以持续好几个世纪，整个文明都建立其上，比如过去的封建思想、基督教和宗教改革思想。又比如，今天的民族原则，民主和社会思想。第二类是暂时、易变的主张，往往衍生于一些普遍观念，每个时代都会诞生和消亡。例如，引领一个时期的艺术和文学的学说，如产生了浪漫主义、自然主义和神秘主义等的那些。这类主张往往像时尚一样，是表面的、易变的，就像深水湖表面一圈圈小小的涟漪，不停地泛起又消散。

宏大而普遍的信仰屈指可数。对每一个历史悠久的种族来说，这类信仰的诞生和消亡都是重要的历史节点。它们构成了文明真正的骨架。

要在群体心中形成一时的主张，非常容易。但要树立长久的信仰，就非常困难，而信仰一旦树立，要再摧毁它也同样困难。往往只有以暴力革命为代价，才能改变它。而革命也只有在信仰几乎完全丧失对人心灵的控制的时候，才具有这种力量。因此，革命的作用就是，最后清除几乎已被人抛弃的东西。人

们之所以没有将它彻底抛弃，皆因习俗的阻碍。革命开始，其实就意味着信仰终结。

标志着一个重大信仰即将消亡的日子很好确定，就是它的价值开始被讨论的那一天。所有这些几乎都是虚构出来的普遍信仰，只有在没有检验的条件下，才能存续。

然而，即使信仰已被深深动摇，衍生于它的制度也仍然会保持其力量，慢慢才会消亡。而当信仰完全丧失其力量时，它所支撑的一切就会顷刻坍塌。迄今为止，还没有一个民族在信仰改变后，还可以继续保持原来所有文明元素不变。

民族会改变原有的文明元素，直到找到一个新的可以接受的普遍信仰。在这之前，必然生活在混乱无序当中。普遍信仰是文明必不可少的支柱。它为思想指明了方向，也只有它能激发信念和使命感。

各民族向来懂得拥有普遍信仰的益处，并本能地明白普遍信仰的消失对他们而言标志着没落的到来。比如对罗马人来说，狂热崇爱罗马就是信仰，这一信仰使他们成了世界的主宰。而当这一信仰消亡时，罗马也灭亡了。那些摧毁了罗马文明的野蛮人，也只有在找到某种共同信仰时，才能实现某种团结，走出混乱无序状态。

因此，各民族历来都在偏狭地捍卫自己的信仰，这不是没有理由的。这个偏狭，虽然从哲学角度讲，应该加以批判，却是民族生存所必需的美德。正是为了创立或维护一些普遍信仰，中世纪才架起那么多火刑柱，那么多创造者和革新者即使逃过了这一酷刑，最终也是在绝望中死去。也正是为了捍卫这些普遍信仰，世界才如此动荡，数百万人命丧战场，一定还会有如

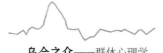

此多人将命丧战场。

要树立一种普遍信仰是极其困难的，不过，一旦明确树立，其力量就会持续很长时间，所向无敌。不管它在哲学上多么荒谬，最睿智的人也不得不接受它。1500多年来，欧洲各民族不是把一些野蛮的[①]宗教传说视作确凿无疑的事实吗？仔细查看就会发现，这些宗教传说就如摩洛克[②]神话一般残暴。上帝为了惩罚世人违抗自己，竟对自己的儿子施以可怕的刑罚[③]。这类传说的极度荒谬性，竟然在这么多个世纪里都没有被人们意识到。就连伽利略、牛顿、莱布尼茨[④]这些最伟大的天才，都没有在哪怕一瞬间，设想这些教义的真理性是值得商榷的。没有例子能比这个更好地展示普遍信仰对人产生的催眠作用了，同时，也没有例子能比这个更好地说明我们思维上那令人羞愧的局限性了。

新的信条一旦植入群体的心灵，就会成为制度、艺术和行为的驱动力。它对人心灵的控制是绝对的。行动派一心想实现它，立法者实施它，哲学家、艺术家和文学家以各种形式表

---

① 我是说，从哲学角度看是野蛮的。但实际上，它创立了一种全新的文明，并在1500多年时间里，让人们瞥见了梦中迷人的天堂，和前所未有的希望。——作者注

② 摩洛克（Moloch）在古老的闪族文化中，是一个与火焰密切相关的神祇，因而常被称为火神。他的信徒们会焚烧儿童作为献祭。——译注

③ 据《圣经》记载，上帝的儿子耶稣被钉死在十字架上，是代替违抗上帝命令的世人受罚。——译注

④ 戈特弗里德·威廉·莱布尼茨（Gottfried Wilhelm Leibniz，1646~1716）德国哲学家、数学家，历史上少见的通才，被誉为17世纪的亚里士多德。在数学上，他和牛顿先后独立发现了微积分。莱布尼茨在政治学、法学、伦理学、神学、哲学、历史学、语言学等诸多领域都留下了著作。——译注

达它。

从基本信仰中，也可以衍生出一些短时的、次一级的思想，但它们总是会带有基本信仰的印记。埃及文明、中世纪的欧洲文明，以及阿拉伯的伊斯兰文明，都源于少数宗教信仰。这些文明最细小的元素上都打上了它们的印记，令人一眼就能识别出来。

也多亏了这些普遍信仰，每个时代的人都生活在传统、主张和习俗编织的大网中，无法挣脱它们的束缚，这也使同时代的人都极为相似。引导人类行为的，主要是衍生于这些基本信仰的信念和习俗。它们甚至支配了我们生活中最微小的行为，思想最独立的人也不会想要摆脱它们。只有这种在潜意识深处对人的心灵实施控制的，才是真正的独裁，因为只有这种才是无法反抗的。提比略①、成吉思汗、拿破仑无疑都是可怕的独裁者，但摩西、佛陀、耶稣、穆罕默德、路德，却在他们的坟墓深处，对人的心灵实施了一种更为深刻的独裁。一场阴谋可以推翻一个独裁者，但它对业已根深蒂固的信仰，又能如何呢？在与天主教的激烈斗争中，我们的大革命尽管表面上得到了民众的支持，尽管也用上了堪比宗教裁判所的残忍手段，最终还是失败了。人类已知的真正独裁者，向来是一些亡灵或由他们创造的幻想。

从哲学上看，这些普遍信仰往往很荒谬，但这从来不是它

---

① 原名提比略·克劳狄乌斯·尼禄（Tiberius Claudius Nero，公元前 42~37），奥古斯都之子，罗马帝国第二位皇帝，以及朱里亚·克劳狄王朝第二位皇帝。执政后期，曾采用残暴手段对付政敌与亲族。被罗马古典作家描述为暴君。——译注

们取得胜利的一个障碍。这种胜利，似乎也只有在它带有某种神秘的荒谬性时，才会成为可能。因此，目前阻碍社会主义信仰征服群体心灵的，并不是它具有什么明显缺点。与所有宗教信仰比起来，它的真正劣势在于，宗教信仰所许诺的幸福理想只能在来世实现，没有人能对此进行证伪。而社会主义的幸福理想是要在现世实现的，只要一尝试实践，马上就会显现出它的虚荣与自大，而这一新信仰当即就会失去其所有威望。因此，除非有一天，这一信仰取得胜利，理想开始实现，否则，它的力量不会壮大。所以，如果这个新宗教，就像之前所有已消亡的宗教一样，一开始就扮演一个毁灭者的角色，那么之后也会像它们一样，发挥不了创造者的作用。

二、群体易变的主张

在我们刚刚揭示了其力量的固定信仰之上，有一些主张、观点和想法，在不断产生和消亡。有些只能持续一天，最重要的那些也不会超过一代人的时间。我们已经指出，这些主张的突然变化，有时更多是表面性的，而非实质性的，并且总是带有种族特点的印记。比如，在研究我们国家的政治制度时，我们就指出那些表面看起来非常对立的派别，如君主主义、激进主义、帝国主义、社会主义等，拥有的其实是完全相同的理想。这一理想只与我们这个种族的心理结构相连，因为我们发现，在其他种族中，有着相似名字的派别，理想却是完全对立的。给主张取个名字，或进行欺骗性的改编，都不能改变事物的本质。大革命时期的资产阶级，深受拉丁文学的影响，眼睛盯着

罗马共和国，采用他们的法律、束棒①和托加②，竭力模仿他们的制度和事迹，但也并没有因此成为罗马人，因为他们受到本民族强大历史暗示的影响。哲学家的作用就是，在表面变化之下寻找依然存在的旧信仰，以及在大量不断变化的主张中，区分出哪些是由普遍信仰和种族心理决定的。

没有这种哲学判断标准，人们就会以为群体经常随意改变自己的政治或宗教信仰。整个历史，包括政治的、宗教的、艺术的和文学的历史，似乎都证明了这一点。

比如，以我们历史上很短的一段时间为例，也就是从1790年到1820年的这30年，差不多一代人的时间。我们看到群体在这期间，先是成为君主立宪派，后来成了革命派，然后是帝国主义者，再然后又重新成为君主立宪派。同一时期，在宗教上，他们先是天主教徒，后来是无神论者，接着是自然神论者，最后又重新做回最极端的天主教徒。不仅是群体，群体的首领也是如此。我们惊讶地看到，那些伟大的国民公会议员，国王的死敌，一帮既不信上帝也不要主人的人，后来却成了拿破仑最谦卑的仆人。之后，又再一次虔诚地举着蜡烛，行进在路易十八脚下的队伍中。

在接下来的70年中，群体的主张又发生了多少改变！19世纪初"背信弃义的阿尔比恩③"，在拿破仑继承者的统治下，

---

① 古罗马最高长官的权力标志，束棒中捆有一柄突出的斧头。后为意大利法西斯党的标志。——译注

② 古罗马人穿的宽外袍。——译注

③ 背信弃义的阿尔比恩（la Perfide Albion）中阿尔比恩是不列颠岛的古称，是英国最古老的名字。今天，它仍然作为不列颠岛的一个雅称使用。这个词组第一次出现，是在17世纪一个法国主教写的书中。——译注

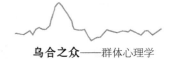

成了法国的同盟国。曾两次被我们入侵，正为我们最近几次失利热烈鼓掌的俄罗斯，突然成了朋友。

在文学、艺术和哲学方面，主张的更迭速度就更快了。浪漫主义、自然主义、神秘主义等，依次诞生和消亡。昨天还受追捧的艺术家和作家，第二天就被嗤之以鼻、视如敝屣。

但是，当我们分析这些表面看起来如此巨大的变化时，会发现什么呢？凡是与普遍信仰和种族情感相悖的，都不能持久。被改道的河流很快就会回到原来的路径。那些既不是源于普遍信仰，也跟种族情感没有任何关联的主张，不具有稳定性，将听凭任何偶然事件的摆布，或者，如果愿意的话，也可以说是丁点儿环境的改变都可以左右它们。经由暗示和传染作用形成的主张，永远是暂时的。它们有时就像海边被风吹起的沙丘一样，快速地出现和消失。

今天，群体易变的主张，其数量是前所未有的庞大。原因有三个：

第一，旧有信仰渐渐失去其影响力，不再像过去那样，能对这些易变的主张施加影响，给它们指出一个方向。普遍信仰的衰落，为一大堆既无根基也无方向的个人主张腾出了位置。

第二，群体的力量与日俱增，能与之抗衡的力量越来越少。因此，我们发现群体主张的极端易变性，可以淋漓尽致地表现出来了。

第三，报业近来的发展，不断把各种对立的主张呈现在民众眼前。每个主张带来的暗示，很快都会被另一个相反的暗示打破。结果就是每一个主张都得不到广泛传播，只能存在很短时间。在广泛传播成为普遍主张之前，它们就已经被抛弃了。

这三个原因，导致了一个世界历史上全新的现象产生，它完全成了我们当前时代的特色，也就是政府在主导舆论方面的无能。

从前，就在并不遥远的从前，政府的作用，加上一些作家和少数报纸的影响，就能对社会舆论形成真正的控制。但到了今天，作家完全失去其影响力，报纸只能反映舆论。至于政治家们，别说引导舆论了，他们现在是一味迎合舆论。他们害怕舆论，有时甚至到了恐惧的程度，这使得他们完全失去了行为准则。

因此，群体的主张越来越趋向于成为政治的最高启示者。今天，它可以强加一些同盟关系，比如我们最近看到的俄法同盟①，就完全是民众运动的产物。今天，教皇、国王和皇帝们也服从采访机构，将他们对某个问题的看法置于民众的随意评判之下，这种情况简直闻所未闻。过去，我们还能讲政治不能感情用事。而在今天，在政治越来越受群体的冲动主导的今天，我们还能这么讲吗？这可是易变、没有理性、只受情感支配的群体。

至于报业，从前的舆论引导者，现在也像政府一样，不得不屈服于群体的力量。的确，它仍然拥有巨大力量，但这仅仅是因为它完全反映了群体的主张及其无休止的变化。成了单纯提供信息的机构后，它不再致力于强加任何观点和学说，而是

_____

① 法俄同盟是法国和俄国为对抗德奥意三国同盟（1882 年），在 1891~1893 年间形成的秘密军事同盟。它是欧洲两大军事集团开始对峙的标志，并促成了 20 世纪初协约国的出现。——译注

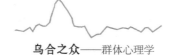

亦步亦趋地追随大众想法的所有变化。行业竞争迫使它必须这么做，不然就会失去读者。过去那些严肃又影响广大的机关报，比如《宪法报》《辩论报》和《世纪报》，上一代人像聆听神谕一般虔诚听从它们的权威性意见，现在却都消失了，或沦为了消息报，开几个有趣的专栏，讲点社会八卦，再登几个理财广告。今天，有哪一家报纸有钱到允许它的编辑有个人主张，而这些主张在那些只想得到讯息或消遣的读者眼里，又有什么价值呢？无论向他们推荐什么，他们都会怀疑你的动机。评论界现在甚至没有能力捧红一本书或一出戏。他们只能踩低它，不能捧高它。报界已经清醒地认识到，评论和个人主张都是无用的，所以他们逐步取消了文学评论，仅限于提供书名，加两三句宣传语。不出 20 年，相同的情况也会发生在戏剧评论上。

今天，**密切关注社会舆论成了报纸和政府的首要事情**。一个事件、一项法案、一次演说会产生什么影响，才是他们需要不断去了解的。这不是件容易的事，因为没有比民众的想法更无常、更易变的了。昨天还在推崇的东西，今天就连咒带骂，没有比这更常见的了。

舆论导向完全缺乏，同时，普遍信仰逐步衰退，最终结果就是所有信念完全粉碎，民众对与自己眼前利益没有明显关系的事情，越来越无动于衷。那些学说，比如人类的大同社会，所面临的问题就是只能在完全没文化的阶层找到真正信服它的捍卫者，比如矿场和工厂的工人。小资产阶级和稍微受过一点教育的工人都成了怀疑论者，什么都不相信，即使相信了也极其易变。

30 年来发生的这种变化，真是令人惊讶。在并不遥远的上

一个时代，民众的主张还有一个普遍方向。那些主张皆源于拥有的一些基本信仰。如果是君主派，那么无论是在历史方面还是在科学方面，都必定拥有一些非常固定的观点。如果是共和派，观点则会完全相反。君主派坚定认为人不是从猴子变过来的，而共和派则完全认定人就是从猴子变过来的。君主派谈到大革命时肯定怀有恐惧，而共和派却会带着敬意。共和派在提到一些名字，比如罗伯斯庇尔和马拉[1] 时，一定带着崇敬的神情，而在提到另一些名字，比如恺撒、奥古斯都和拿破仑时，则一定充满了愤慨。甚至在我们的索邦大学，这种幼稚的历史观也仍然很普遍[2]。

今天，面对讨论和分析，所有主张都失去了威望。它们的棱角很快被磨平，能存留下来的东西很少能激发我们的热情。现代人越来越被冷漠吞噬。

不必为当前主张碎片化过于感到遗憾。不管这是不是一个民族生命衰败的征兆，我们都无法对此提出异议。当然，那些先知、传教者、首领，总之就是信念坚定之人，他们的力量肯定远远大过那些事事否定、批判或漠不关心的人。但是不要忘了，比起当前群体的力量，他们不再具有优势。如果有哪个主

---

　　[1] 让·保尔·马拉（Jean Paul Marat，1743~1793），法国政治家、医生，法国大革命时期民主派革命家，雅各宾派领袖之一，后当选国民公会代表。——译注

　　[2] 从这个角度看，我们那些获得官方认可的教授所写的书中，有些篇章确实很奇怪，充分展示了我们的大学教育培养出的批判精神缺乏到了何等程度。我摘用一个后来出任教育部长的、索邦大学前历史教授关于法国大革命的几句话为例：

　　"攻占巴士底狱不仅是法国历史，也是整个欧洲历史的一个巅峰事件。它开启了世界历史的崭新时代！"至于对罗伯斯庇尔的评价，我们惊讶地读到，"他的专制主要体现在舆论、说服方式和道德权威方面，这是被道德高尚的人掌握的一种教皇职责！"（第 91 页和第 220 页）——作者注

张能获得足够使人接受它的威望，它很快就会拥有一种独裁力量，让一切屈服于它。随之，自由讨论的时代就会长时间结束。有时，群体也会表现得像温和的主人，就像在埃拉伽巴路斯①和提比略时代一样，但他们也会表现出极端的任性。如果一种文明落入他们手中还能长久，只能归功于奇迹。如果有什么东西能够稍微延缓崩溃时刻的到来，那一定是群体主张的极度易变性，以及他们对任何普遍信仰的日益无视。

---

① 埃拉伽巴路斯（Héliogabale，约203~222），亦称赫利奥加巴卢斯，罗马帝国塞维鲁王朝的皇帝，是罗马帝国建立以来，第一位出身于帝国东方（叙利亚）的皇帝。14岁登基，无心国政，荒淫无度，在位仅4年，就被祖母阴谋杀害，是古罗马历史上恶名昭彰的皇帝之一。——译注

第三卷　群体的分类及其特征

第一章　群体的分类

提要： 群体的一般划分 / 它们的分类 / ①异质群体。它们如何区分彼此 / 种族的影响 / 种族心理越强，群体心理就越弱 / 种族心理体现文明程度，群体心理反映野蛮程度。②同质群体。同质群体的划分 / 派别、社会集团和社会阶级。

我们已经在本书中分析了各种心理群体共有的一些普遍特征。现在，我们要研究人们在相应刺激影响下结成不同类型的群体后，除了这些普遍特征外，各自还具有哪些独有特征。

首先，用几句话来讲下群体的分类。

我们先从简单的群体讲起。当群体是由不同种族的个体构成时，便会呈现出最初级的群体形态。除了或多或少都尊重首领的意志外，群体中的个体没有其他共同点。我们可以把数百年里不断入侵罗马帝国，种族各不相同的野蛮人当作这类群体的典型。

比由不同种族构成的群体高级一点的，是在某些因素影响下获得了一系列共同特征，最终形成一个种族的群体。他们在某些情况下，会表现出群体的特征，但这些特征或多或少都受种族特征的影响。

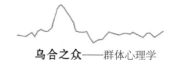

这两类群体，在本书研究的那些因素影响下，可以转变成组织化群体或心理群体。在组织化群体中，我们还将进行如下区分：

1. 异质群体

（1）无名群体（比如街头人群）。

（2）有名群体（陪审团、议会等）。

2. 同质群体

（1）派别（政治派别、宗教派别等）。

（2）社会集团（军人集团、教士集团、工人集团等）。

（3）社会阶级（资产阶级、农民阶级等）。

简单讲一下这几种群体的不同特点。

一、异质群体

我们已在本书中研究过这些群体的特点。它们可以由任意个体构成，而不管其职业或智力水平如何。

我们现在已经知道，**人在结群后的心理与独立时的心理，有着本质区别，智力也无法使人摆脱这一区别**。我们已经看到，在群体中，智力发挥不了任何作用，只有一些无意识情感才可以发挥作用。

有一个重要因素，可以明显区分这些异质群体，即种族。

我们已经多次谈到种族的作用，指出它才是决定人类行为的最强大因素。同样，它也会影响群体的特征。两个都由任意个人组成的群体，但如果一个全是英国人或中国人，另一个来自别的种族，比如俄罗斯人、法国人或西班牙人，那么，这两

个群体会非常不同。

　　遗传而来的心理结构，会导致人们在感知方式和思考方式方面有着极大差异。如果出现一些罕见情况，令不同国籍的人按大致相同的国籍比例聚集起来，那么无论将他们聚集起来的利益表面看来多么相同，这种差异也会即刻显现。社会主义者尝试将各国的工人阶级代表召集到一起开大会，结果总是造成更大的分歧。一个拉丁民族群体，无论我们假设他们多么激进或多么保守，在实现愿望时，他们都要依靠国家力量的介入。他们总是倾向于集权，多少有点恺撒似的独裁。但一个英国人或美国人的群体，则不会求助于国家，只会依靠自己的能动性。法国人群体首先讲平等，英国人群体则强调自由。正是这种种族的区别，使得有多少民族，就差不多有多少种社会主义和民主的形式。

　　因此，种族心理完全主导了群体心理。种族心理是群体心理的强大基础，限定了群体心理的变动范围。种族心理越强大，群体特征就越不明显。这应该被视为一项基本法则。群体的状态以及群体统治的状态，就是野蛮或者回到野蛮。只有发展出强大而牢固的种族心理，种族才能不断摆脱群体无意识状态的束缚，走出野蛮。

　　除了种族，对异质群体还有一个重要划分，就是无名群体和有名群体。前者比如街头的人群，后者比如议会和陪审团。前者根本没有责任感，但后者的责任感却很强，这往往使得两者的行为方向有很大的不同。

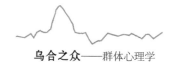

二、同质群体

同质群体包括：①派别；②社会集团；③社会阶级。

派别是同质群体的初级组织形式。它由一些教育程度、职业和社会阶层可能很不一样的个体组成，个体之间唯一的纽带就是信仰。比如宗教派别和政治派别。

社会集团是群体所能拥有的最高级组织形式。组成派别的个体，在职业、教育程度和社会阶层方面都差别较大，仅靠相同的信仰联结。组成社会集团的个体，则拥有相同的职业，因此在教育程度和社会阶层方面也大致相同。比如军人集团和教士集团。

社会阶级的成员来源则很不相同，不像派别的成员是靠相同的信仰走到一起，也不像社会集团的成员是因相同的职业而聚集，社会阶级的成员是因极其相似的一些利益、生活习惯和教育程度而联合。比如资产阶级、农民阶级等。

本书只讨论异质群体。对同质群体（派别、社会集团和社会阶级）的研究，就留给另一本书吧，他们的特征我就不在这里过多着墨了。接下来只研究几个典型的异质群体类型。

第二章　所谓的犯罪群体

提要：所谓的犯罪群体 / 从法律上说是有罪的群体，可能从心理学上说是无罪的 / 完全无意识的群体行为 / 各种例子 / 九月大屠杀参与者的心理 / 他们的逻辑推理、同情心、残暴和道德。

群体在经历一定时期的刺激之后，就会陷入受暗示驱使的无意识木偶状态。因此，似乎在任何情况下都很难将他们称为"罪犯"。我之所以保留这种错误叫法，是因为最近的心理学研究都采用这个叫法。如果只就行为本身而言，群体的某些行为确实是有罪的，但其性质并不等同于老虎捕食一个印度人，并且为了给幼崽找乐子，先让它们去撕碎这个印度人玩玩的行为。

群体的犯罪动机通常源于一个强大的暗示。经受暗示之后，参与犯罪的人都认为自己在履行某种职责。这与通常意义上的犯罪情况完全不同。

群体的犯罪史清楚地说明了这一点。

我们可以把巴士底狱监狱长德洛内先生（de Launay）被杀一事当作典型事例来讲。在攻破了监狱的堡垒后，激愤的人群团团围住监狱长，对他拳打脚踢。有人提议绞死他，砍了他的

头，或者把他拴在马尾巴上拖死。在挣扎过程中，监狱长无意踢到了人群中的一个人。就有人提议，由被踢到的这个人来砍下监狱长的头。这一提议立刻得到人群的响应。

"这人是个失业的厨子，去巴士底狱有一半是去凑热闹，看看会发生什么的。他认为，既然是大家的意见，那么这就是爱国行为，甚至觉得自己应该得到一枚勋章，表彰他消灭了一个恶魔。他拿着别人递过来的刀，砍向了监狱长裸露的脖子。可刀不够锋利，砍不动。他索性从口袋里拿出一把黑柄小刀（作为一个厨子，他知道怎么切肉），圆满地完成了任务。"

这里，我们可以清楚地看到前面所说的那种机制。由于服从了一个因来自集体而变得更强大的暗示，杀人者相信自己做了一件值得嘉奖的事情，而同伴们的一致赞同更让他认为这是合乎情理的。类似这样的行为，在法律上可以称作犯罪，但在心理学上就不可以。

所谓的犯罪群体，其普遍特征与我们在所有群体中发现的特征完全一样：易受暗示、轻信、易变，无论高尚或卑劣的情感都走极端，表现出某种形式的道德等。

所有这些特征，我们都可以在那个给我们留下了最惨痛历史记忆的群体，也就是九月大屠杀群体身上找到。他们与制造了圣巴托罗缪大屠杀的群体有很多相似之处。我在此转述丹纳先生基于当时的回忆录的一些细节描述：

没有人确切知道是谁命令或暗示去杀光囚犯，清空监狱。不管是丹东（这有可能）还是其他人，这不重要。我们唯一感兴趣的，是群体受到的那个让他们开展大屠杀的强大暗示。

这个杀人群体大约有300人，构成了一个十分典型的异质群体。除了极少数人是职业流氓外，大部分是各行各业的店主和手工业者：鞋匠、锁匠、理发师、泥瓦工、职员、代理商等。在受到的暗示影响下，他们就像之前提到的那个厨子那样，完全相信自己是在履行爱国义务。他们履行了双重职责，审判者和刽子手，根本不认为这是在犯罪。

意识到自己责任重大之后，他们开始成立所谓的审判庭。这时，群体头脑的简单，和他们公平意识的简单，立即表现出来。鉴于被告人数太多，人们首先决定，贵族、教士、官员、国王的侍从，也就是那些在爱国者眼里仅凭其职业就能证明其有罪的人，无需特别审判，直接成批杀掉。至于其他人，则根据他们的外貌和名声来判决。如此，群体的基本良知得到满足后，就可以进行合法的屠杀，肆意释放自己的残暴本能了。我在其他地方讲过这种本能的由来，而群体总能将这种本能发挥到极致。尽管如此，群体也会表现出其他相反的情感，比如同情心，泛滥起来往往也像他们残暴时一样极端。

"他们有着巴黎工人巨大的同情心和敏感性。在修道院监狱，一名巴黎公社①战士得知犯人们已经26小时没有水喝后，一心要把粗心的看守处决。若不是犯人们求情，他肯定就这么做了。当一个犯人被（他们的临时审判庭）宣告无罪时，包括看守和刽子手在内，所有人都激动地拥抱他，拼命为他鼓掌"，

---

① 法国在普法战争失败后，资产阶级政府的阶级压迫和民族投降政策，激起广大群众的极度不满。1871年3月18日，巴黎工人举行起义，推翻了资产阶级反动统治，建立起无产阶级革命政权。3月28日巴黎公社宣告成立。虽然很快于1871年5月28日被凡尔赛军镇压，只历时72天，但它具有划时代意义。它是无产阶级推翻资产阶级统治、建立无产阶级政权的第一次伟大尝试。——译注

回过头，他们又继续成批地杀人。杀人期间，一直洋溢着愉快的气氛。他们围着尸体跳舞唱歌，还设置一些"女士专座"，以便女士们也能幸运地观看处死贵族的过程。他们还继续表现出某种特殊的公平性。一个刽子手在修道院里抱怨说，女士们坐得有点远了，看不清楚，只有少数人能享受到处决贵族的乐趣。所以，为了确保观看的公平性，他们决定让受害者慢慢从站成两排的刽子手中间走过，刽子手们只能用刀背砍受害者，以延长行刑的时间。在拉福尔斯（la Force），他们把受害者扒得精光，施以半小时的凌迟酷刑，然后，等大家都看够了之后，再以开膛破肚结束。

而且，刽子手还非常高尚，表现出我们指出过的群体的道德。他们没有将受害者的钱和首饰据为己有，而是将它们全部上交给委员会。

在他们所有的行为中，我们都能找到低级的逻辑推理形式。这是群体的一个心理特征。在屠杀了 1200 个到 1500 个国家的敌人后，有人指出，其他监狱还关着一些老乞丐、流浪汉和小孩，都是些吃闲饭的家伙，关着他们只会浪费粮食，因此，把他们一并处决了不是更好。更何况，他们当中一定还有人民的敌人，比如，有一个叫德拉惠（Delarue）的女人，是一个投毒犯的遗孀，"她被关进牢房，一定气疯了。如果可能的话，她一定放火烧了巴黎。她应该这么说过，她就是这么说过。把她也一并处理了吧"。这个逻辑推理过程简单直接，这一提议一经提出立即被采纳。于是，所有人都被处决了，其中包括 50 来个 12 岁到 17 岁的小孩——因为将来有可能成为国家的敌人，所以杀掉他们明显是有利的。

一周之后，整个屠杀工作才结束，刽子手们终于得以休息。他们由衷地认为自己为祖国立了大功，所以跑到当局那里要求奖赏。最狂热的几个甚至要求授予他们勋章。

1871 年巴黎公社的历史为我们提供了很多类似的例子。随着群体影响力不断提高，当局在他们面前不断妥协，我们肯定还将看到更多这样的例子。

第三章　重罪法庭的陪审团

提要： 重罪法庭的陪审团 / 陪审团的普遍特征 / 统计学表明他们的裁决与他们的构成无关 / 陪审团是如何被影响的 / 逻辑推理的作用微小 / 著名律师的辩护方式 / 令陪审团宽容或严厉的罪行的性质 / 陪审团制度的作用，以及被法官取代将会带来的极大危险。

我们无法在这里研究所有类型的陪审团，就只研究最重要的那种，即重罪法庭①的陪审团②。这种陪审团是异质群体中有名群体的极佳代表。我们可以在他们身上发现易受暗示，无意

---

① 法国刑法根据犯罪轻重，将犯罪分为违警罪、轻罪和重罪，在法庭的设置上也相应设立违警法庭、轻罪法庭和重罪法庭。只有重罪法庭实行陪审团制度。——译注
② 目前，以英国和美国为代表的英美法系实行陪审团制，以法国和德国为代表的大陆法系实行参审制。法国在大革命后引入了英国的陪审团制度，但这一制度在法国水土不服，最终被参审制代替（摘自《人民法院报》）。在长达两百余年的改革中，"贵族陪审团"→"民主陪审团"→"理想化陪审团"→"附庸陪审团"→"保守陪审团"→"参审制"，这一过程是逐步推进的（摘自施鹏鹏《法国参审制：历史、制度与特色》）。就法国现在而言，此处应用"参审制"。但根据作者所处的时代，此处用"陪审团"更准确。陪审团负责裁定被告是否有罪，法官则是在被告被陪审团裁定有罪后依法对被告量刑。——译注

识情感占主导，逻辑推理能力差，受首领影响等特点。在研究他们时，我们还将有机会观察到不懂群体心理学的人会犯的一些有趣的典型错误。

陪审团首先向我们证明了，在做决定时，群体各成员的智力水平并不重要。我们已经看到，当陪审团被要求就某个并非纯技术性的问题发表意见时，他们的智力根本不起作用。一个由学者或艺术家组成的群体，在一般问题上，并不会因为他们是学者或艺术家，就能做出与泥瓦工或杂货店老板组成的群体明显不同的判断。以前，相关政府部门在组陪审团时会对陪审团成员进行仔细挑选，成员都是从文化阶层招募，比如教授、公务员、文人等。如今，陪审团主要由小商贩、小老板和普通职员构成。然而，令书记官①极为震惊的是，不管陪审团的成员构成如何，统计数据显示他们的裁决都是一样的。对陪审团制度如此反对的司法官们，也不得不承认这一说法的正确性。关于这个问题，曾担任过重罪法庭主审官②的贝拉尔·戴格拉慈先生（Bérard des Glajeux）在他的《回忆录》中如此写道：

"今天，陪审员的挑选，实际上掌握在市议员手中。市议员根据自身的政治和选举需求来选拔或淘汰候选人……大部分被选中的陪审员都是商人——他们从前可没今天这般重要，所以从前不会选他们——还有一些政府部门的职员……在担任陪审

---

① 类似于我国的书记员一职。主要担任审判庭的记录工作，并办理有关审判的辅助性事项，如开庭的准备工作、保管证据、整理卷宗、处理文书工作、司法统计工作等。——译注
② 类似于我国的审判长一职。法国重罪法庭的主审官，由上诉法院院长指定，可以由上诉法院院长、庭长或上诉法院的普通法官担任，任期三个月。——译注

员时，他们所有个人主张和职业影响都消失，大部分人都带着新成员般的热忱，最有主见的人也变得谦恭服从。也就是说，陪审团的性格没有变，所以，他们的裁决也保持不变。"

　　记住我引用的这段话的结论。他的结论非常正确，但解释的说服力就明显不足。不必对这个不足感到惊讶，因为法官和律师一样，通常对群体心理，因此也是陪审团的心理，不太了解。我从这个作者转述的一件事中找到了证据。最著名的重罪法庭律师之一拉肖（Lachaud），总是利用律师的否决权，阻止所有聪明人进入陪审团。然而，最终，经验——也只有经验——让我们知道这种阻止完全没有意义。它的证据就是，如今检察官和律师们完全放弃了这个否决权，至少在巴黎是这样。正如戴格拉惹先生指出的那样，裁决没有改变，"没有变更好，也没有变更差。"

　　就像所有群体一样，陪审团非常容易受情感的影响，逻辑推理对他们不起作用。一个律师写道，"看到一个喂奶的女人，或一群孤儿，"他们就缴械了。戴格拉惹先生说，"一个女人只要可爱一点，就可以让陪审团心慈手软。"

　　陪审团对于可能触及他们自身的并且对社会来说也是最可怕的犯罪，绝不手软，但是对于所谓的情杀，却极为宽容。他们对杀婴的少女母亲很少严厉，对女孩用硫酸泼男子（该男子诱骗了她而后又抛弃她）的犯罪行为更是宽容。他们本能地觉得这类犯罪对社会没什么危害，并且在一个法律并不保护被抛弃的女孩的国家，这种复仇性犯罪非但无害，反而有益，可以

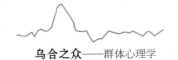

提前威慑那些玩弄女性的人[①]。

　　和所有群体一样，陪审团也受威望迷惑。戴格拉惹法官说得很对，陪审团的构成很平民，喜好却很贵族——"姓氏、出身、财富、声誉、名律师辩护，以及一切令人出众和光鲜的事物，都成了被告手中有利的武器。"**出色的律师，应该着重从情感上去打动陪审团，并且就像针对所有群体一样，要少用逻辑推理或者只用最简单的推理。**一位因在重罪法庭上的出色表现而著名的英国律师就很好地展示了打动陪审团的方法。

　　"他在辩护时，会仔细观察陪审团。这是最有利的时刻。凭借直觉和经验，这个律师可以从陪审员的面部表情中读出他说的每句话、每个词的效果，从而了解陪审员的态度。然后先区分出哪些陪审员是能最先取得其支持的。这个辩护人三两下快速争取到他们的支持后，再转向那些似乎对辩方怀有敌意的陪审员，努力猜测他们敌视被告的原因。这是整个过程中最棘手的部分，因为想要判定一个人有罪，除了正义感之外，还可以有很多理由。"

　　这几句话很好地概括了辩护艺术的目的，也让我们明白了

---

　　① 顺便说一下，陪审团完全出于本能将犯罪分为对社会有害和对社会无害两类，这种分法不是完全没有道理。刑法的目的显然应该是保护社会免受危险罪行侵害，而不是替社会报仇。然而，我们的法典，尤其是我们司法官的思想，仍然充满了古老的原始法律的复仇精神。我们每天都在使用的"公诉"（vindicte）一词就源于拉丁文的"复仇"（vindicta）一词。现在大部分司法官都拒绝执行仁慈的《贝朗热法》，就证明了这一倾向。该法规定罪犯只有在再次犯罪情况下才会被判刑。虽然每个司法官都知道（因为统计数据这样显示），判过一次刑的罪犯，必然会犯第二次罪，而如果第一次犯罪时赦免他，或许就不会再犯罪。但如果第一次时赦免了他，法官们总觉得没有替社会复仇。所以，他们宁愿制造一个危险的重犯，也不能不为社会报仇。——作者注

为何事先准备的讲稿没有用，因为需要随时根据上句话产生的效果来改变下句话的措辞。

辩护人不需要着力改变所有陪审员的意见，只需要争取那些能主导陪审团整体意见的领头者即可。就像在所有群体中一样，总是有少数个体在起带头作用。"我有经验，"我上面提到的那个律师这样说道，"作裁决时，只需要一两个强有力的人就可以牵着整个陪审团走。"这两个或三个人，需要用巧妙的暗示来说服他们。首先，是取悦他们。群体中的人一旦被取悦，离被说服就不远了。这时，无论向他们提供什么理由，他们都会觉得是充分的。我在一本有关拉肖先生的趣书中，发现了如下趣事：

"我们知道，在重罪法庭陈述辩护意见的过程中，拉肖绝对不会忽视那两三个他知道或感觉到有影响力但态度顽固的陪审员。一般来说，他可以成功软化他们的态度。然而，有一次在外省，他发表了45分钟最强有力的辩护意见，有一个人却完全不为所动，就是坐在第2排第1个的7号陪审员。这太让人失望了。拉肖突然停下激情四溢的陈述，对主审官说：'主审官先生，您能不能让人拉一拉窗帘，就是那边，对面那个，7号陪审员被太阳照得睁不开眼睛了。'7号陪审员脸红了，微笑着表示感谢。然后，他就被争取到辩方这边了。"

最近，很多作家，包括一些非常著名的作家在内，都强烈反对陪审团制度。然而，要防止一个不受监督的社会集团犯下

一些他们经常会犯的错误，这是我们可以采取的唯一措施①。有些作家希望陪审员只从文化阶层招募，但我们已经证明，即便如此，他们的裁决也会跟现在的陪审团做出的裁决相同。还有一些作家，鉴于陪审团犯的一些错误，希望取消陪审团，由法官来代替。但是他们怎能忘记，那些被主要归咎于陪审团的错误，总是司法官先犯下的。因为，当被告来到陪审团面前时，已经被多个司法官认定有罪了，比如预审法官、检察官、上诉法院刑事审查庭②的法官。因此，我们不会不明白，如果被告依然是由法官而非陪审团来判决，他将失去唯一恢复清白的机会。陪审团犯的错误，往往是司法官们先犯的。所以，当我们看到特别严重的司法错误时，就应该只去责怪司法官，比如那个对 X 医生的判决。一个半痴呆的女孩告发 X 医生收了 30 法郎给她堕了胎，糊涂透顶的预审法官裁定 X 医生有罪。要不是因为激起了民愤，令国家元首立刻颁发了特赦令，他就被送去

---

① 事实上，司法官是唯一一类行为不受监督的公职人员。尽管经历了种种革命，但是民主的法国仍然没有享有英国人十分自豪的人身保护令的权利。我们赶走了所有暴君，但在每一个城市都有一批可以任意决定市民的荣誉和自由的司法官。一个小小的预审法官，才刚刚走出法律学校，就拥有令人愤慨的权力。只要他怀疑一个人有罪，无需向任何人解释，就可以把最举足轻重的人物送进监狱。他可以以预审为由，将嫌疑人羁押 6 个月甚至 1 年之久，然后才将他释放，无需赔偿和道歉。如今逮捕令的效力等同于过去盖了国王封印的赦令或监禁令。两者的不同之处在于，后者正如人们批评的那样，在过去的君主制时代，只有少数最显赫的人才能签发。而如今，逮捕权完全掌握在一群市民阶层手中，而他们远非最聪明和最独立的人。——作者注

② 法国的重罪案件必须经过"两级预审"。首先由检察官提起公诉，预审法官开始第一级预审。在第一级预审终结之后，预审法官在确信有充分证据证明被诉人有罪时，做出裁定，向上诉法院的检察长移送案卷，再由检察长提请上诉法院刑事审查庭进行第二级预审。——译注

苦役监狱了。X 医生所有同乡对他一致的赞誉，更凸显了这一错误，甚至司法官们自己也承认医生是无辜的。但出于社会集团自我保护的心理，他们竭尽全力阻止特赦令的签发。在所有类似的案件中，面对一堆完全不懂的技术细节，陪审团自然是听检察官的，他们觉得案件毕竟是精通律法的司法官们预审过的。所以，谁才是真正的犯错者呢，是陪审团还是司法官们？我们还是好好保留陪审团吧。它可能是唯一一类任何个人都无法替代的群体。只有它能缓和法律的无情。法律面前人人平等，所以原则上是应该一视同仁，不允许有任何例外。没有怜悯心、只认法律条文的法官，以职业的无情，对入室盗窃的杀人犯和杀婴的可怜女孩（被诱骗者抛弃，加上贫穷，不得已而为之），判处相同的刑罚。而陪审团却本能觉得，比起诱骗者，被诱骗的女孩的罪行要轻得多，但诱骗者却不必接受法律的制裁，所以女孩应该得到宽容。

　　清楚了解了这种社会集团的心理，以及其他类型群体的心理后，我如果被错误地指控有罪，我一定把力气用在陪审团身上，而不是去跟司法官费劲。我被陪审团裁定无罪的概率更大，而在司法官那里，机会渺茫。群体的力量让人害怕，而某些社会集团的力量则更让人害怕。前者可以被说服，后者绝对不会让步。

第四章　选民群体

提要：选民群体的普遍特征 / 如何说服他们 / 候选人应该具备的特性 / 威望的必要性 / 为什么工人和农民很少选自己阶层的候选人 / 词汇和格言对选民的威力 / 选举辩论的概貌 / 选民的主张如何形成 / 委员会的力量 / 它们是最可怕的专制形式 / 大革命时期的委员会 / 尽管在心理学上没什么价值，但普选无可替代 / 为什么即使将选举权限定于特定阶层，选举的结果也是一样的 / 所有国家的普选体现了什么。

选民群体，也就是有权为某些职位选举正式任职者的集体，属于异质群体。但是，由于他们只涉及一件特别具体的事情，即在各种候选人中进行选择，因此我们只能在他们身上观察到此前讲过的部分特征。

他们主要表现出来的群体特征有，逻辑推理能力差，缺乏批判精神，易怒，轻信，简单。我们也在他们的决定中看到了首领的影响，以及此前列举的种种因素（比如断言、重复、威望和传染）的作用。

我们来探寻一下他们是如何被诱惑的。从那些最成功的手段中，可以清楚地推断出他们的心理。

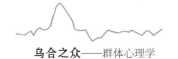
对候选人来说，第一个条件是拥有威望。财富是唯一可以取代内源性威望的东西。才能，甚至惊世之才，都不是成功的要素。

候选人必须拥有威望，也就是让人毫无异议地接受的能力，这是最关键的。选民中大部分人都是工人和农民。如果说选民很少选择他们自己阶层的人来代表他们，那是因为出自他们自己阶层的人对他们来说，不具任何威望。如果他们意外任命了一个自己人，那往往也是出于其他原因，比如故意抵制一个杰出人物或每天都支配着他们的强大雇主，这样就能得到一种幻觉，觉得自己有那么一刻翻身当了他们的主人。

但是拥有威望还不足以保证候选人竞选成功。**选民很在意候选人是否迎合和满足他们的贪欲和虚荣心。候选人必须用最谄媚的话奉承他们，并且还要毫不犹豫地对他们许下最虚幻的承诺。**如果选民是工人，那么无论怎么辱骂和谴责他们的雇主都不为过。至于竞选对手，就要尽力通过断言、重复和传染的方式，让选民觉得他是个大坏蛋，罪行昭昭。当然了，不必寻找任何像样的证据。如果对手不了解群体心理，试图通过一些证据来为自己辩解，而不是仅用另一些断言来回应断言。那么，他将没有任何胜算。

候选人的书面竞选纲领不能写得太明确，因为日后可能会被对手拿来做文章。但是口头的竞选纲领，无论怎么夸大都不为过。再重大的改革，也可以毫无顾忌地许诺。在这种时刻，这样的夸大其词能产生很好的效果，也不会对未来有任何约束。事实上，观察发现选民从来不关心当选者在多大程度上遵循了他当初宣扬的政治主张，尽管当初就是基于这个才选他的。

　　在这里，我们可以看到我们此前描述过的说服技术的所有要素。接下来，我们还将在我们已指出其威力的词汇和格言的运用中，看到这些要素。擅长运用它们的演说家，可以随意左右群体。有一些词汇，比如肮脏的资本，罪恶的剥削者，伟大的工人，财富社会化等，总是能产生同样的效果，尽管已经有点陈腐。假如候选人能找出新词汇，含义模糊，因而能符合各种不同的期望，那么一定会大获成功。1873 年西班牙的血腥革命①，就是这些神奇的词汇引发的。这些词汇含义复杂，每个人都能以自己的方式去解读。当时的一位作家讲述了这场革命的起源，他的一些说法值得在此引用：

　　"激进派已经发现，中央集权的共和国就是乔装改扮的君主国。为了取悦他们，议会一致通过，宣布成立联邦共和国，但没有一个投票者能说清楚刚刚投票赞成的是什么。但是这个名字让所有人都高兴，令人近乎狂热和兴奋，似乎终于在地球上开启了美德和幸福的统治时代。一个共和党人，如果他的政敌拒绝承认他'联邦'的头衔，这个共和党人就会暴跳如雷，像遭受了极大侮辱一样。人们涌到街上相互高喊：'向联邦共和国致敬！'之后开始为神圣的自由（不再有纪律的约束）和军人的

---

　　① 西班牙第五次资产阶级革命（1868~1874）。1873 年 2 月 9 日，在位仅两年多的西班牙国王阿德奥被迫退位。在共和派和人民的压力下，制宪议会宣布成立共和国（史称西班牙第一共和国）。后制宪议会又通过联邦共和国宪法，建立联邦共和国，赋予各州广泛的自治权。但所谓的"不调和共和派"和巴枯宁派（主张绝对自由）的无政府主义者，想把西班牙变成各独立州的集合体，在各地发动起义，成立独立州政府。由于评价者意识形态不同，有的认为他们是无政府主义，有的认为是社会主义。巴黎公社也是如此，马克思认为巴黎公社是共产主义理论的有力证明，但俄罗斯无政府主义之父巴枯宁则认为是无政府主义。——译注

自治高唱赞歌。'联邦共和国'到底是什么？有的人认为这意味着各省的解放，是类似美国那样的制度或者行政分权制。其他人则认为这将消灭一切权力，开启下一次社会大清算。巴塞罗那和安达卢西亚的社会主义者宣扬公社[①]的绝对主权，他们打算在西班牙建立一万个独立的自治州，只接受自己的法律，同时取消军队和警察。我们看到，很快南方各省的起义在一个个城市、村庄间蔓延开来。每当一个公社宣布起义，第一步就是切断电报和铁路，以切断与周边和马德里的所有联系。没有一个市镇不想另起炉灶。联邦制已经让位于一种粗暴、杀人放火，到处都在纵情血腥狂欢的地方主义制度。"

　　至于逻辑推理能否对选民产生影响，如果从未读过选举会议记录，就一定不会得到明确的答案。人们信口开河，相互谩骂，有时还大打出手，从来没有理性可言。如果有那么一刻安静下来，也是因为有某个刺头声称要向候选人提出一个让他难堪的问题，这总是会激起听众的兴致。但反对者的满足感不会持续太久，因为提问的声音很快就会被对方的吼声淹没。我们可以把下面的一段会议记录当作这类公共会议的典型，这是我从日报上成百上千份类似的会议记录中摘取的：

　　"一位组织者要求与会者选举一名议长，当即引发了骚乱。无政府主义者扑向讲台，夺取桌子；社会党人激烈反击。双方扭打在一起，相互指责对方是奸细、叛徒，等等。一位公民肿着一只眼睛退出去了。

---

　　① 公社（commune）原指资产阶级从封建领主手中取得自治权的城市。——译注

"终于，在混乱中，桌子被摆好了。X同志站在讲台上。

"这位发言人飞速对社会党人发起抨击，社会党人则大声回以'白痴!''强盗!''流氓!'等，打断了他。作为回应，X同志搬出一套理论，以证明社会党人才是'白痴'或'小丑'。

"……昨晚，阿勒曼党①在大庙郊区 (Faubourg-du-Temple) 的商会大厅，组织了一次'五一'劳动节的大型预备会议，口号是'沉着冷静'。

"G同志……骂社会党人是'白痴''骗子'。

"听到这些话，发言人和听众对骂起来，还动了手。椅子、长凳、桌子都用上了。等等。"

绝对不要认为，这种"辩论"是特定阶层的选民才有的，是他们的社会环境造成的。在所有无名群体召开的会议中，不管什么大会，即便与会者是清一色的文化人，大会的"辩论"也很容易是同样的情形。我已指出，人一旦结群，心理就会趋于相同，我们随时都能找到这话的证据。比如，下面这段就是一次由清一色的学生召开的会议的记录，是从报纸上摘录的：

"随着夜幕降临，吵闹声越来越大。我相信没有哪个发言人能说上两句话而不被打断。每时每刻都有喊叫声从这里或那里发出，有时甚至全场迸发喊声。有人鼓掌，有人吹口哨，听众间也爆发激烈争吵，有人挥舞棍棒以示威胁，有人有节奏地敲击地板，打断别人的人立即招致一片喊叫，'滚出去!''上台讲!'

---

① 阿勒曼党领袖让·阿勒曼 (Jean Allemane，1843~1935) 法国的社会主义者，可能派领袖之一。1890年从法国工人党三大派之一的可能派中分裂出来，另组革命社会主义工人党，又称阿勒曼党。——译注

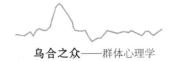

乌合之众——群体心理学

"C 先生……对联合会用尽了批判词汇：可恨的、卑鄙的、残暴的、肮脏的、利欲熏心的、报复心强的，并扬言要消灭它。等等。"

可能有人会问，在如此情况下，选民如何能生成主张呢？其实，提出这样的问题，可能是对群体享有的自由程度抱有奇怪幻想。群体的主张都是别人强加给他们的，不是靠他们自己理性思考得来的。在我们讲的这种情况下，选民的主张和选票都是由选举委员会掌控。而选举委员会的领导者往往是些酒商，他们允许工人赊账，所以对工人影响很大。

"你们知道选举委员会是什么吗？"当今最英勇的民主捍卫者之一歇雷先生（Schérer）这样写道，"简单地说，它是我们制度的钥匙，是政治这部机器的首要部件，法国如今就归它统治[1]。"但要对选举委员会产生影响也不难，只要候选人表现还能接受，且拥有足够财力。按照一些候选人金主的说法，300万法郎就足以保证布朗热将军一路选举成功。

这就是选民群体的心理，与其他群体的心理是一样的。既不更好，也不更差。

我也不会从上述的分析中得出任何反对普选的结论。如果

---

① 不管取什么名字，俱乐部也好，工会也好，委员会恐怕都是最可怕、最危险的群体力量。事实上，这是最不具个人意志的组织形式，因此，也是最暴虐的专制形式。委员会的领导人被认为是在代表集体说话和行动，所以不需要负任何责任，可以肆意妄为。最残暴的暴君也从不敢下达革命委员会那样的屠杀令。巴拉斯说，他们以前定期杀害和勒索国民公会的议员。罗伯斯庇尔只要能以委员会的名义讲话，就是绝对的主人。而当这个可怕的独裁者因为自尊离开了委员会，他就失去了这个权力。群体的统治，就是委员会的统治，也就是少数首领的统治。无法想象还有比这更严酷的暴政。——作者注

让我来决定它的存亡，我会出于一些现实原因而保留它。这些原因正是来自我们对群体心理的研究，由于与本题相关，因此我将进一步进行阐述。

的确，普选的缺点太过明显了，人们不可能意识不到。不可否认，文明是少数精英的成果，这些人构成了金字塔的顶端。随着人的思想价值降低，金字塔顶端下面各层级逐渐变厚变宽，分别代表了一个民族的不同阶层。一种文明的伟大，当然不是靠底层人员的选举，他们只不过人多而已。而且，民众的选举常常是危险的。他们已经让我们遭受了多次外敌入侵。随着社会主义胜利，人民主权的理论很可能会让我们付出更大代价。

这些反对理由，从理论上说是极好的，但如果我们还记得观念转变为信条后产生的那种不可战胜的力量，我们就知道这些理由在现实中完全没有意义。群体至上这一信条，从哲学角度看，跟中世纪的宗教信条一样站不住脚，但如今却拥有了绝对的威力。所以，也像过去的宗教思想一样不容指摘。请假设一个现代的自由思想家，借助某种魔法穿越回了中世纪时期。你认为，在发现当时的主导宗教思想具有至高无上的权力后，他还会尝试与之抗争吗？如果落在一个指控他与魔鬼缔约或去过巫魔夜会① 因而要烧死他的法官手里，他会想要争辩魔鬼或巫魔夜会是否存在吗？根本没法与群体的信仰作争辩，就像没法与压境的飓风谈判一样。今天，普选的信条已经拥有了过去基督教信条那般的力量。演说家和作家们在谈到它时，带有的崇敬和谄媚之情，连路易十四都未曾享受过。因此，应该像对

---

① 中世纪的巫师、女巫为崇拜魔鬼撒旦而举行的聚会。——译注

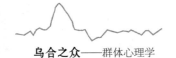

待所有宗教信条一样对待它。只有时间能改变它。

此外，试图动摇这一信条也是徒劳，因为这一信条对他们来说显然是有道理的。托克维尔说得对，"在一个人人平等的时代，人们谁也不信仰谁，因为彼此都相似。然而，正是这种相似，使得他们几乎无限度地信任大众的判断。因为他们觉得，既然都拥有相同的才智，那么真理不可能不站在大多数人那边。"

现在需要假设一下吗？假设普选设置资格限制——以学识为门槛，如果乐意的话——就可以改善群体的投票结果。我可一刻也不能接受这样的说法，因为我已经讲过，所有群体不管其构成如何，智力都十分低下。群体中的人，都是一样的。在一般性问题上，40名法兰西学院院士投票的结果不会比40名送水工的更高明。我根本不相信那些备受谴责的普选投票结果，比如恢复帝制，如果选民换成清一色的学者和文人，投票结果会有什么不同。一个人并不会因为他懂希腊语和数学，是建筑师、兽医、医生或律师，就能对社会问题有特别清晰的认识。我们的经济学家都是些有识之士，大部分都是教授和院士。但是他们能在一个普遍问题上达成一致意见吗，比如贸易保护主义、复本位制①？他们的学问只不过让他们的普遍无知稍微减弱而已。在面对未知因素众多的社会问题时，他们都是一样的无知。

所以，只让满肚子学问的人当选民，他们的投票结果不会

---

① 复本位制（Bimetallic Standard）亦称金银复本位制，是指以金、银两种特定铸币同时充作本位币，并规定其币值对比的一种货币制度。与之相对的是单本位制，即银本位制或金本位制。复本位制最严重的缺点在于会出现"劣币驱逐良币"现象。——译注

比今天的普选结果更高明。**选民主要受自身情感和党派精神左右**。我们当前的难题一个都没有减少，并且，肯定还要遭受各种社会集团的沉重压迫。

不管是普选还是限制性选举，不管是在共和国还是在君主国，不管在法国、比利时、希腊、葡萄牙还是西班牙，群体的选举到处都一样。选举结果往往反映的是种族的潜意识渴望和需求。对任何国家来说，当选者的平均水平都体现了种族心理的平均水平。一代接一代，都是差不多的。

在这里，我们再次谈到了此前已多次遇到的种族这一基本概念，以及从中衍生出的其他概念，即制度和政府。后者对民族的生活影响并不大，它们主要是由种族心理主导，也就是祖辈遗传下来的心理的总和。种族和日常生活中的必要规则，才是我们命运的神秘主宰。

第五章 议 会

提要：议会群体体现了异质群体中有名群体的大部分特征/想法简单 / 易受暗示性及其限度 / 不可改变的固定主张和易变的主张 / 为什么议会大多数时候都主张不确定 / 首领的作用 / 他们威望的来由 / 他们是议会的真正主宰，决议只不过体现了少数人的意愿 / 他们的强力影响 / 他们演讲艺术的要素 / 词汇与形象 / 首领必须信念坚定，思想狭隘 / 没有威望的演说者无法让人接受他的观点 / 议会中无论高尚或卑劣的情感都会被夸大 / 他们有时会进入无意识状态 / 国民公会会议 / 议会在何种情况下会失去其群体特征 / 专家在技术性问题上的影响 / 议会制度对所有国家的好处和危害 / 它符合现代需求，但会导致财政上的浪费以及对所有自由的逐步限制 / 结语。

议会是异质群体中有名群体的一个代表。尽管议员的产生方式会随时代和民族的不同而不同，但议员的性格特征都非常相似。可以感受到，种族的影响会减弱或强化这些特征，但绝不会阻碍其表现。差异巨大的国家的议会，比如希腊的、意大利的、葡萄牙的、西班牙的、法国的或美国的，在辩论和投票时都表现出极大的相似性，使得各国政府面临同样的难题。

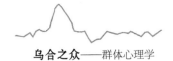

乌合之众——群体心理学

　　议会制是现在所有文明民族的理想。它反映了一种在心理学上错误但被普遍接受的观点，即很多人聚在一起，要比小部分人更有能力对某个问题做出明智而独立的决定。

　　我们可以在议会中找到群体的普遍特征：想法简单、易怒、易受暗示、情感夸大、首领的决定性作用。不过，由于他们构成特殊，议会群体也会表现出一些不同的特征。下面就会讲到。

　　想法简单是议会最主要的特征之一。我们在所有党派，尤其是拉丁民族的党派中，都能发现一种不变的倾向，即用最简单的抽象原则，以及适用于所有情况的普遍法则，来解决最复杂的社会问题。当然，这些原则会随着党派不同而有所变化。但是，人一旦结群，总是会夸大这些原则的价值，并将它们实践到底。所以，议会提出的主要是些极端的主张。

　　想法简单的最完美代表，就是我们大革命的雅各宾派。雅各宾派所有人都很教条，讲逻辑，脑子里充满了模糊空洞的理论，只知道运用固定原则而不顾具体情况。我们完全有理由说，他们经历了大革命，却没有看清大革命。凭着非常简单的信条作为指导，他们就自以为可以建立一个全新的社会，把一个发达的文明带回到社会发展之前的原始状态。他们用以实现梦想的方法，也带有极端简单的印记。事实上，他们只会猛烈摧毁阻碍他们的一切东西。而且，他们所有人，包括吉伦特派①、山

---

　　① 吉伦特派是法国大革命时期立法大会和国民公会中的一个政治派别，主要代表当时信奉自由主义的法国工商业人士。——译注

岳派①、热月党②等，都是受相同精神的鼓舞。

　　议会群体非常容易受暗示。与所有群体一样，他们能接受的暗示都来自有威望的首领。但在议会中，他们的易受暗示性具有明确的限度，这一点必须要指出。

　　在所有事关本地或本地区的问题上，议会每个成员都有自己确定的、不可改变的主张，任何辩论都无法动摇。在贸易保护或酿酒特权这类会触及重要选民利益的问题上，即使有德摩斯梯尼③那样的辩才，也无法改变议员的投票决定。因为这部分选民先前的暗示，强大到足以使后来其他所有暗示都无效，所以议员会保持先前的主张不变④。

　　在普遍性问题上，如推翻内阁、设立新税种等，就不再有确定的主张了。这时，首领的暗示才可以发挥作用，但是又跟在普通群体中不完全一样。每个党派都有自己的首领，有时影

-----

　　① 山岳派是法国大革命时期国民公会的激进派议员集团。之所以称为山岳派，是因为他们在开会时坐在议会中较高的长凳上。山岳派是作为国民公会中较温和的吉伦特派的反对者出现的，主要依靠小资产阶级和无裤党的支持。——译注
　　② 热月党是法国大革命时期发动热月政变的政治集团，是反对罗伯斯庇尔的各派人物的结合，包括国民公会中的平原派、丹东派和埃贝尔派残余分子以及政变后被召回的吉伦特派分子，主要代表大资产阶级和革命期间投机致富的新兴有产者阶层的利益。——译注
　　③ 德摩斯梯尼（Démosthène，公元前384~前322）古雅典雄辩家、演说家、民主派政治家。德摩斯梯尼天生口吃，嗓音微弱，还有耸肩的坏习惯。为此，他刻苦读书学习。他向著名演说家请教发音方法，把小石子含在嘴里朗读，边爬山边吟诗以练气，利用镜子调整姿态，在左右肩各挂一柄短剑或铁叉以纠正耸肩习惯，还故意给自己剃了阴阳头以安心躲在家里练习演说。经过多年的刻苦努力，最终成为雅典最出色的演说家。——译注
　　④ 关于那些事先就已确定、不会因选举需要而改变的主张，一位英国资深议员的看法很有说明性，"我在威斯敏斯特议会坐了50年了，我听了上千次演说，它们很少能改变我的主张，也没有一次改变我的投票决定"。——作者注

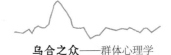

响力还不分上下。结果就是，议员夹在对立的主张之间，必定
游移不定。所以，我们经常会看到，仅过 15 分钟，他们就改变
主意，给刚通过的法案附加一条使之失效的条款，比如刚刚剥
夺企业家挑选和解雇工人的权利，紧接着又通过一个修正案取
消了这项措施。

因此，每一届议会都有一些特别确定的主张，以及一些特
别不确定的主张。但由于普遍性问题占大多数，因此实际上，
议会大多数时候都主张不确定。这种不确定源自对选民的畏惧，
选民的潜在暗示总是能抵消首领的影响。

然而，在议员事先并没有确定主张的很多会议中，首领才
是真正的终极主宰。

首领显然是必不可少的。他们以团体首脑的名义，出现在
所有国家的议会中。他们才是议会的真正主宰。群体中的人不
能没有主人。这就是为什么议会的决议通常只代表了少数人的
主张。

首领产生影响，很少是通过逻辑推理的方式，主要是借助
威望。最好的证明就是，一旦发生什么情况让他们失去了威望，
他们就不再有影响力。

首领的这种威望是个人的、内源性的威望，跟姓氏和名声
都无关。朱尔·西蒙先生在谈到 1848 年议会的一些大人物时，
给了我们一些很有意思的例子。

"路易–拿破仑[①]在手握大权前两个月，还什么都不是。

[①] 即拿破仑三世，是拿破仑的侄子。1848 年 12 月 10 日，路易–拿破仑当选法
兰西第二共和国总统。1852 年 12 月 2 日，路易–拿破仑宣布恢复帝制，成为法兰西
第二帝国皇帝，称拿破仑三世。——译注

"维克多·雨果①登上讲台。演讲并不成功。人们听他讲话，就像听菲利克斯·皮亚②讲话一样，掌声寥寥。沃拉贝尔（Vaulabelle）在提到菲利克斯·皮亚时，对我说：'我不喜欢他的观点，虽然他是法国最伟大的作家之一，也是最伟大的演说家。'埃德加·基内③这个智慧非凡的人，也不受人重视。他在议会开幕前，就有了名望，但在议会中，什么都不是。

"议会，是这个世界上最不能感受到天才光芒的地方。这里只看重应时应景的口才，且服务的对象不是祖国，是党派。致使人们在 1848 年向拉马丁④致敬，1871 年向梯也尔⑤致敬的，是当时有急迫的、不可动摇的利益在刺激他们。危险过去之后，人们既不感恩他们，也不再害怕他们。"

---

① 维克多·雨果（Victor Hugo, 1802~1885），法国政治活动家、著名作家，被称为"法兰西的莎士比亚"，代表作《巴黎圣母院》《悲惨世界》等。1848 年二月革命后，雨果当选法兰西第二共和国的制宪会和立法会的议员。1851 年，拿破仑三世发动政变，雨果流亡国外 19 年。直到 1870 年，拿破仑三世倒台，法兰西第三共和国建立，雨果才返回法国，当选为国民议会议员。——译注

② 菲利克斯·皮亚（Félix Pyat, 1810~1889），法国著名记者、剧作家、政治家。参与 1848 年二月革命，进入第二共和国制宪会。后因参与六月起义，逃离法国，在国外流亡 20 年。1869 年大赦后返回法国。1871 年，当选法兰西第三共和国国民议会议员。后成为巴黎公社重要人物。——译注

③ 埃德加·基内（Edgar Quinet, 1803~1875），法国历史学家、诗人、哲学家。1848 年二月革命后，被先后选入制宪会议和立法议会。1871~1875 年为国民议会议员，属激进共和主义者。——译注

④ 阿尔封斯·德·拉马丁（Alphonse de Lamartine, 1790~1869）是法国 19 世纪第一位浪漫派抒情诗人、作家、政治家。1848 年二月革命后为临时政府实际上的首脑。1848 年 12 月 10 日的总统选举中败于拿破仑三世。此后，他退出政坛，潜心文学创作。——译注

⑤ 阿道夫·梯也尔（Adolphe Thiers, 1797~1877），法国政治家、历史学家，奥尔良党人。七月革命后，先后担任内阁大臣、首相和外交大臣。二月革命后，当选制宪议会和立法议会议员。1871~1873 年，担任法兰西第三共和国首任总统。——译注

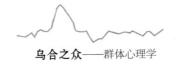

我引用这段话，是因为它讲的一些事实，而非它的解释。

它的解释只是蹩脚的心理分析。一个议会群体一旦顾及到自己服务的首领，不管是国家的首领还是党派的首领，立即就会失去其群体特征。群体服从首领，是受首领威望的影响，里面不掺杂任何利益或感恩之情。

拥有足够威望的首领，就会拥有几乎绝对的权力。我们都知道有个著名议员[①]，凭借其威望，多年来有着巨大影响力，但是在最近一次选举中因为一些财务问题落选了。以前，他只要简单示意一下，就可以让内阁倒台。一位作家在以下的几行文字中清楚地说明了他的影响力有多大。

"主要因为 X 先生，我们付出了正常该有的 3 倍多的代价才获得东京[②]，在马达加斯加也没有站稳脚跟，失去了尼日尔河南部整个王国[③]，也失去了我们从前在埃及的优势地位。X 先生的理论……让我们失去的领土，比拿破仑一世战败失去的还要多。"

没必要过于指责这位首领。当然，他让我们付出了沉重代

[①] 应该是指乔治·克里孟梭（Georges Clemenceau，1841~1929），法国著名的政治家、新闻记者、法兰西第三共和国总理。早期，他的很多主张在巩固共和制，推动社会改革方面起过一定积极的作用，使他赢得了很高的政治威望。他在议会质询时，发言咄咄逼人，富有煽动性，导致数届内阁垮台，从而获得了"倒阁圣手"和"老虎"的绰号。1892 年，受巴拿马运河公司舞弊案牵连，被群起攻击，并在 1893 年的选举中落败。——译注

[②] 指越南北圻。"北圻"意思是指越南北部大部分地区。在法国殖民时代，该地区的法语名称是东京（Tonkin）。东京原是越南城市河内的旧名，法国人在控制了越南北方后，便用这个名字称呼整个越南北方地区。——译注

[③] 根据前后几个事件的时间推断，这里应该是指乌阿苏鲁王国（位于今天几内亚共和国中部）。1887 年 3 月 25 日，法国与乌阿苏鲁王国签订《比桑杜古条约》，法国承认该王国的主权。——译注

价，但是他的大部分影响力源于他顺应公众意见。而在殖民这件事上，公众当时的意见与如今的意见已经完全不同。首领很少能在前面引领公众意见，几乎都是一味地迎合，即便错误也会当圣旨一般对待。

首领的说服技术，除了凭借威望外，还有那些我们已经列举多次的要素。想要随意操控群体，首领应该熟知群体的心理——至少是不自觉地了解；而且要懂得如何跟他们对话，尤其要懂得一些词汇、格言和形象对人的迷惑力；还要掌握一种特殊的辩术，由没有论证的强力断言，以及套以粗浅推理的撼人形象构成。这种辩术在所有议会中都能见到，包括最沉着冷静的英国议会。

英国哲学家梅因[1]说道："我们经常可以在报纸上看到下议院的辩论情况。下议院的辩论除了凶猛的人身攻击，剩下的全是些空洞的笼统话。这类笼统话对于纯粹民主的幻想，有着不可思议的效力。群体总是很容易接受措辞惊人的断言，即便这些断言从未被证实，并且可能根本无法得到证实。"

这段引言中"措辞惊人"的重要性，再怎么强调都不为过。我们已经多次强调词汇和格言的特殊力量。必须要以能唤起特别生动的形象的方式来遣词造句。下面这段话就是很好的例子，引自我们一位议会首领的演讲：

"哪一天，用一艘船将不老实的政客和杀人的无政府主义者

———————————

[1] 亨利·梅因（Henry Maine，1822~1888），19世纪英国著名的法律史学家，历史法学派在英国的代表人物，晚期历史法学派的集大成者。因其著作《古代法》而被西方学者公认为英国历史法学的创始人，在西方法学界影响颇大。——译注

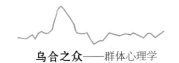

一起运往炎热的流放地。那时，他们就可以交谈了。然后，他们就会发现彼此就像是同一种社会秩序中互补的两面。"

通过如此方式唤起的形象十分清晰鲜明，演讲者所有的对手都感受到了威胁。他们脑袋中同时现出了两幅画面，炎热的土地和运送他们的船。因为"不老实"的界定过于模糊，谁都可能是受威胁的政客一员。于是，他们体验到了国民公会议员当年那种隐隐的不安。当年，罗伯斯庇尔隐晦的演讲或多或少都带有把人送上断头台的威胁。在这种不安之下，国民公会议员们总是做出让步。

肆意进行最不切实际的夸大，对首领总是有好处。我刚才引用过他句子的演讲者还信口断言，说银行家和教士们在豢养投炸弹的人，以及大金融公司的管理者应该遭受同无政府主义者一样的刑罚，也没有招致强烈抗议。这样的断言总是能对群体产生影响。断言越极端越好，措辞越吓人越好。没有比这种辩术更能唬住听众的了。他们担心，如果抗议的话，会被当作叛徒或同谋。

正如我刚才说的那样，这种特殊的辩术在所有议会中都占据主导。在危急时期，它的作用会更加突出。从这个角度看，读一读大革命时期那些议会的大演讲家们的演讲稿，会非常有意思。他们随时都觉得有必要停下来，抨击罪行，颂扬美德。然后，大声咒骂暴君，发誓不自由毋宁死。在场人听了，都站起来，热烈鼓掌，等到恢复平静后，才重新坐下。

有时，首领也可能是智力非凡、学识渊博之人，但这种品质往往弊大于利。智识让人更明白事物的复杂性，让人更有能力去解释和理解，这往往就会令人更宽容，也会让使徒所必需

的强烈信念感大打折扣。古往今来所有伟大的首领，尤其是大革命时期的那些，其智识都比较有限，令人感到悲哀。然而，正是这种有限令他们产生了最深远的影响。

其中最著名的罗伯斯庇尔的演讲，就常常因缺乏条理让人目瞪口呆。如果只读他的演讲稿，根本找不出任何像样的理由，来解释这位大独裁者的巨大影响力。

"充满了学究式和拉丁文化式的陈词滥调和冗词赘句，用来糊弄那些与其说平庸不如说幼稚的人的。无论是抨击还是辩护，都好像只会说小学生才说的'那你来啊！'。没有观点，没有技巧，没有特色。暴风骤雨之下，只有无聊。看完这种沉闷的演讲词，都想像可爱的卡米耶·德穆兰① 那样长叹一声'啊！'。"

有时想想都觉得可怕，坚定的信念加上极其狭隘的思想，就可以赋予一个有威望的人如此的力量。然而，也只有满足了这些条件，才能让人无视障碍、目标明晰。群体会本能地从这些精力充沛的信念坚定者中找到他们永远都需要的主人。

在议会中，演讲的成功几乎只取决于演讲者的威望，跟他讲的道理完全无关。最好的例证就是，当演讲者因为某些原因失去其威望时，他即刻就会失去其影响力，也就是可以随意左右投票结果的能力。

如果是一个不知名的演讲者来演讲，即便道理充分，但如果除了道理没有其他作为支撑的话，那他连被聆听的机会也得

---

① 卡米耶·德穆兰（Camille Desmoulins，1760~1794），法国大革命时期雅各宾派重要人物。曾是罗伯斯庇尔在巴黎大路易学院时的同学。1785年当律师，因口吃不能顺利工作，但在大革命期间却成为善于雄辩的演说家。后因政见分歧，被罗伯斯庇尔送上断头台。——译注

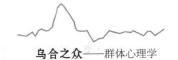

不到。最近，资深议员德斯屈布先生（Descubes）就用以下文字勾勒了一个没有威望的议员形象：

"到讲台上就座后，他从公文包中拿出一份文件，整齐摊在面前，镇定自若地开始演讲。

"他自以为能将那个令他激动不已的信念传达到听众心里去。他对理由斟酌再三，塞满各种数据和证据。他坚信自己道理充分，面对他揭示的事实，任何反驳都是徒劳。他开始演讲了，自信鞭辟入里，也自信备受同僚关注。面对真理，他们一定会屈服。

"他刚一开口，会场上立即出现骚动，嘈杂声四起，他感到不可思议，又有点生气。

"为什么不能保持安静？为什么大家这么不专心？那些交头接耳的人在想什么？什么事情如此紧急，让那个人离开了座位？

"他的脸上扫过一丝不安。他皱着眉头，停了下来。在议长的鼓励下，他提高嗓门，继续讲。听他讲话的人更少了。他又加重语气，整个人都激动起来，但他周围的噪音也跟着提高了。他都听不见自己讲话了，只能再次停下来。接着，由于担心他的沉默会引来那句讨厌的'辩论结束（Clôture）！'只得提高音量继续讲下去。嘈杂声则变得更难以忍受。"

当议会激动到一定程度，就会变得跟普通的异质群体差不多，他们的情感也会因此表现出凡事走极端的特点。我们将会看到他们既会做出最伟大的英雄主义行为，也会做出最卑劣的事情。个体不再是他自己，完全失去了自我，以至于会投票赞成完全违背他们个人利益的措施。

法国大革命的历史表明了，议会可以变得无意识并听从完

全违背自身利益的暗示到什么程度。对贵族来说，放弃自己的特权是一种巨大损失。然而，在制宪议会的那个著名夜晚，他们毫不犹豫地这么做了。对国民公会议员而言，放弃自己的豁免权就意味着随时遭受死亡的威胁，但他们还是这样做了，根本不怕相互残杀，尽管他们清楚今天把对手送上断头台，明天就可能轮到自己。

　　但他们已经进入了我描述的那种完全无意识的状态，**没有任何考量可以阻止他们听从于催眠他们的暗示**。后面两句话，取自其中一个叫俾约–瓦伦[①] 的人的回忆录。它描述的情况，就是这方面的典型。"那些让我们备受谴责的决定，"他说道，"通常在两天前、一天前，我们也是不同意的。只有恐慌能促成这种结果。"说得不能再对了。

　　同样的无意识现象也出现在国民公会所有激烈的会议上。

　　丹纳说道："他们赞成并颁布了一些连他们自己都感到恐惧的法令，不只是纵容愚蠢、荒唐的行为，还有犯罪，屠杀无辜，屠杀他们自己的朋友。在全场一致的热烈掌声中，左派联合右派，将他们原来的首领、大革命的倡导者和领导者丹东送上了断头台。在全场一致的激烈掌声中，右派联合左派，投票通过

---

　　① 让·萨科·俾约–瓦伦（Jean Nicolas Billaud-Varennes，1756~1819）法国律师、小册子作家，先后当选过国民公会议员、雅各宾专政时期的救国委员会委员。1794 年，促使罗伯斯庇尔在热月政变垮台。次年他自己也被流放到法属圭亚那。1800 年他拒绝接受拿破仑的赦免。于 1817 年，定居海地。——译注

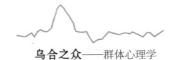

了革命政府最糟糕的法令。在全场一致对科洛·德布瓦①、库通②、罗伯斯庇尔的赞美和狂热崇拜中，国民公会通过多次自发的改选，将这个杀人政府维持了下来。平原派③憎恨它，因为它杀人；山岳派憎恨它，因为它要杀他们。然而，无论是平原派还是山岳派，无论是多数派还是少数派，最终都投了赞成票，亲手递出了那把屠杀自己的砍刀。牧月 22 日，国民公会全体伸出了自己的脖颈④。热月 8 日，罗伯斯庇尔只演讲了 15 分钟，同样一幕再次上演。"

　　这个画面似乎有点阴森，但它就是事实。经过充分刺激和催眠的议会，就会表现出这样的特征。他们成了活生生的羊群，完全受冲动支配。下面这段对 1848 年议会的描述很典型，出自民主信念绝对毋庸置疑的议员斯普雷先生（Spuller）笔下，是

---

① 科洛·德布瓦（Collot d'Herbois，1749~1796）法国大革命时期重要政治家。原为喜剧演员，先后出任过国民公会议员、救国委员会委员。是 1792 年 9 月屠杀的负责人之一，雅各宾专政时期恐怖政策的积极推动者，后作为国民公会议长促成罗伯斯庇尔垮台。但在热月党时期，同其他几名山岳派成员一起被流放法属圭亚那。——译注

② 乔治·库通（Georges Couthon，1755~1794），法国大革命时期雅各宾派领导人之一。先后出任过国民公会议员、救国委员会委员。1793 年 12 月 21 日，当选国民公会议长，成为雅各宾专政的核心人物之一。1794 年 6 月 10 日，促使国民公会通过牧月法令，进一步加强革命的恐怖专政。在 7 月热月政变中被捕处死。——译注

③ 又称沼泽派。法国大革命时期国民公会中的中间派集团，由于其在国民公会中的座位在会场的最低处，故名。——译注

④ 牧月 22 日（1794 年 6 月 10 日），国民公会通过了一项改革法庭的法令，称为牧月法令。该法令取消了辩护人和预审制，允许依据"物证、文件、精神与口头的证据"判罪。这便把审判工作简单化了，没有真实凭据也可以判刑。该法令还规定共和国的敌人只有一种刑罚，即死刑。该法令一经颁布，造成空前恐怖。革命政府依据该法令，不分敌友乱杀人。短短一个半月就处死 1000 多人。整个恐怖期间，有 30 万~50 万人被关入监狱。——译注

我从《文学杂志》上摘录下来的。从中可以看到我描述过的群体拥有的所有夸张情感，及他们的极端易变性。这使得他们可以瞬间从一种极端情感跳到另一种完全相反的极端情感。

"时而不和、嫉妒、猜疑，时而盲目追从、痴心妄想，这导致共和党走向了灭亡。他们既天真、单纯，同时又对一切保持怀疑。没有法制观念，没有纪律意识，只有恐惧和无尽的幻想。在这一点上，他们跟农民和儿童很像。他们的冷静和急躁不相上下，野蛮和温顺旗鼓相当。这是一种原始性格，未经打磨，缺乏教养。他们什么都可能相信，但又什么都让他们困惑不堪。他们既可以怕得发抖，也可以英勇无畏；既可以赴汤蹈火，也可以临阵退缩。

"他们根本不考虑事情的后果，不明白事物间的联系。失望和得意来得一样迅速。动不动就陷入恐慌。不是太过高尚就是太过卑劣，从来没有适度可言。他们可以折射任何颜色，呈现任何形状，比水还要变幻无穷。在他们这种基础上，我们能奢望建立起一个怎样的政府呢？"

幸运的是，我们刚刚描述的这些议会的特征并不经常表现出来。只有在某些时刻，他们才会形成一个群体。在大多数情况下，议会成员还是保持着自己的个性。因此，议会才能制定出一些专业、优秀的法律。当然，这些法律肯定是专家独自在安静的办公室里拟出来的。议会投票决定是否通过的法律，实际上是个人的作品，不是议会的成果。这样的法律自然是最好的。只有在一系列糟糕的修正案将它们变成集体成果时，它们才会成为灾难。**无论在何处，群体的成果总是比独立个人的成果逊色**。正是这些独立的专家，拯救了议会，否则光靠议会自

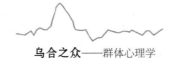

己，只能制定出非常混乱又缺乏经验的措施。所以，这些专家是一时的首领。议会影响不了他们，但他们可以影响议会。

尽管在运行上存在诸多困难，议会仍然是人们能找到的管理国家的最佳方式，尤其是它可以最大限度地摆脱个人专制的枷锁。它肯定是一个政府的理想状态，至少在哲学家、思想家、作家、艺术家和学者，简言之就是在所有构成了文明金字塔顶端的人看来，是如此。

而且，它实际上只有两个较严重的危害：一是财政上的必然浪费，二是个人自由的不断受限。

第一个危害，是选民群体的要求和无远见的必然结果。一个议员提出一项符合民主观念的议案，比如保障所有工人都有退休金，提高养路工和小学教师的待遇，等等。其他议员由于潜意识里对选民的惧怕，不敢表现出对这些人的利益的无视而否决提案。尽管他们清楚这会大大加重财政预算负担，日后必然需要设立新的税种，但投票不容迟疑，而且财政支出增加的后果很久才会显现，且对他们自身也没什么损害。但如果投票否决了这项议案，第二天在面对选民的时候就清楚后果了。

财政支出增加，除了这第一个原因外，还有另一个原因，同样不可避免，就是议员们不得不同意所有纯粹为了地方利益的开支。议员不可能提出反对，因为这仍然是选民的要求，并

且议员想要为自己选区谋福利，就必须答应同僚类似的要求①。

上面提到的第二个危害，是议会对自由的必然限制。这个限制表面上看来不明显，但实际上很大。这是大量法律约束的结果，头脑简单的议会看不清其后果，觉得必须投票赞成。

确实，这一危害无法避免。因为即使是英国，有着最完美的议会制度，并且议员最大限度地独立于选民，也不能幸免。赫伯特·斯宾塞已在其早期的一部作品中指出，表面自由的增加必然伴随着实际自由的减少。他在最近的《个人对国家》（*L'Individu contre L'État*）一书中，又再次提出了相同的观点。关于英国议会，他是这样表述的：

"从这一时期开始，立法就沿着我指出的道路在前进。专制措施迅速增加，不断地限制个人的自由，主要表现在两方面：数量逐年增加的众多法律法规，对以前行动完全自由的公民逐步实施行为限制，并迫使他们做一些以前可以自由选择做或不

---

① 1895 年 4 月 6 日出版的《经济学人》（*L'Économiste*）对一年里纯粹为了选举利益的财政支出——尤其是在铁路建设方面——进行了有趣的回顾。为了把远在高山上的小城朗盖伊（3000 个居民）和皮伊连接起来，议会投票赞成修建一条铁路，耗资 1500 万法郎；将博蒙（3500 个居民）与卡斯特尔—萨拉森连接起来，耗资 700 万法郎；连接乌斯村（523 个居民）和赛克斯村（1200 个居民），700 万法郎；连接普拉德和奥莱特镇（747 个居民），耗资 600 万法郎；等等。仅 1895 年一年，就投票通过了共计 9000 万法郎完全缺乏整体利益考虑的铁路预算案。其他方面同样为了迎合选民的支出，也不容小觑。据财政部长说，工人退休金的相关法律，很快会让国家每年至少支出 1.65 亿法郎，而院士勒鲁瓦–博里厄则认为这个数字会达到 8 亿法郎。显然，这类支出的不断增长，最后一定会导致破产。欧洲的许多国家，比如葡萄牙、希腊、西班牙和土耳其都已经走到这一步。另一些国家，也很快就会走投无路。我们需要为此忧心忡忡吗？各国民众怎么抗议就逐步接受了削减五分之四的国债利息。这种巧妙的破产，只能让财政预算暂时恢复平衡。战争、社会主义、经济斗争都在为我们酝酿着潜在灾难，我们已经进入一个普遍分崩离析的时代。一天天地过下去吧，不要太过担心那无法预知的明天。——作者注

做的事情；同时，越来越繁重的税负，尤其是地方上的，削减了个人可以自由支配的利润，增加了可以被公职人员随意使用的税额，又进一步限制了个人自由。"

这种对自由的逐步限制，在所有国家都是在一种特殊的专制形式下实施的，这是赫伯特·斯宾塞没有提到的。制定大量约束性的法律法规，必然会增加负责执行它们的公职人员的数量、权力和影响力。这样一来，公职人员就会逐步成为文明国家的真正主人。他们的力量更大，是因为在不断的政权更迭中，只有他们可以不受这些变化的影响，只有他们具有三重特性：不用为倒台政权的行为负责，是非个人身份的，可以永恒存在的。在所有专制形式中，没有哪种能比具有这三重特性的专制形式更具压迫力。

约束性法律法规的不断制定，将生活中最细小、最无足轻重的行为都框了起来，这必然会使公民自由活动的范围越来越小。他们以为法律条款越多，平等和自由就越有保障。人们成了这一幻想的牺牲品，不得不接受日益沉重的枷锁。

人们顺从地接受这一切，必定招来恶果。习惯忍受所有枷锁之后，他们很快就会寻找新的枷锁，最后失去所有能动性和活力。他们成了空幻的影子，牵线的木偶，没有意志，没有抵抗，没有力量。

然而，人如果无法在自己身上找到推动力，必定会向外界寻求。随着公民越来越冷漠和无能，政府的作用必将不断增长。政府必须具备个人不再具备的开创精神、行动力和领导才干。它必须包揽一切、管理一切、保护一切。国家成了无所不能的神。但经验告诉我们，这样的神，力量从来不会持久，也不会

太过强大。

在某些民族中，这种对所有自由的逐步限制——尽管表面的许可让人们有一种享有自由的错觉——似乎是民族衰老的结果，与任何制度衰老的结果一样。这是民族衰亡的先兆之一。迄今为止，还没有哪一种文明逃过了衰亡这一阶段。

如果根据历史经验和各方都显露出来的迹象判断，我们的现代文明已经步入了衰亡前极度衰老的阶段。似乎所有民族都注定经历相同的阶段，因为我们看到历史在如此频繁地反复上演。

文明演化的这些普遍阶段，是很容易划分出来的。我们就以对它们的总结来结束这本书。

如果我们沿着主线来思考此前文明的辉煌和衰亡的原因，会发现什么呢？

这些文明在发端之时，迁徙、入侵和征服活动将很多来自不同地方的人偶然聚集在一起。他们血缘、语言和信仰均不同，唯一的纽带就是勉强认可首领定下的规则。在这一团混乱之中，群体的心理特征表现得最为明显。他们表现出暂时的团结、英雄品质、缺点、冲动和暴力。他们极其易变，就是一群野蛮人。

接下来，一切都交给时间。相同的环境、不断的通婚、共同生活的必要性，会慢慢发挥作用。不同的小团体开始相互融合，形成一个种族，也就是拥有相同的特征和情感的集体，而他们的相同之处会通过世代遗传的方式，变得越来越固定。乌合之众发展成了一个民族，这个民族就能摆脱野蛮的状态。

然而，只有在经过漫长的努力、不断的奋斗，以及无数次的从头再来之后，找到了一种理想，才能完全走出野蛮。这种

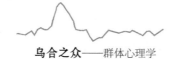

理想的性质如何并不重要，不管是对罗马的狂热崇拜，还是为了雅典的强盛或真主安拉的胜利，它足以给予种族中所有人以完全一致的情感和思想。

这时，才能诞生一种新的文明及相应的制度、信仰和艺术。在梦想的驱动下，种族将渐渐拥有可以带来光彩、力量和崇高的一切。无疑，在某些时刻，他们仍然是一群乌合之众，然而，在他们易变的特征下面，还存在着一个牢固的基础，即种族心理，它严格限制了民族的变化范围并左右着各种所谓的偶然。

但是，时间在发挥了创造作用之后，就开始进行破坏了。无论是神还是人，都难以幸免。在达到某种程度的强大和复杂之后，文明便停止了发展。一旦停止发展，很快就会走下坡路。文明衰老的钟声就敲响了。

这一不可避免的时刻到来，总是以理想的衰落为标志，而理想是种族心理的支柱。随着理想逐渐褪色，被理想激发建立的宗教、政治和社会的大厦都开始动摇。

随着理想逐渐消亡，种族越来越不团结、统一，越来越没有力量。个体的个性和智力可能增强了，但与此同时，种族的集体主义思想也被极度发展的个人利己主义取代，随之而来的是种族性格特征减弱和行动能力降低。原来构成一个民族、整体、集体的人们，最终成了一盘没有凝聚力的散沙，只是暂时由于传统和制度的存在而勉强聚在一起。

因个人利益和愿望冲突而变得支离破碎的人们，再也无法进行自我管理，所以即使是最微小的行为也需要领导，从而让国家产生了令人瞩目的作用。

随着古老理想的彻底消亡，种族心理也将完全丧失。种族

变成许许多多个独立的个体，重新回到了起点，即一群乌合之众。他们表现出所有暂时性的性格特征，不稳定，也不持久。文明不再具有任何稳定性，听凭一切偶然的摆布。平民成为社会主宰，野蛮人粉墨登场。文明看起来似乎依旧闪亮，因为它还拥有过去漫长历史所建的立面①，但这其实是一栋被虫蛀空的大厦，没有任何支撑，暴风雨一来，就会倒塌。

　　在对理想的追逐中，民族从野蛮步入文明，而当这个理想失去其力量时，民族便开始衰落和消亡。这就是一个民族的生命周期。

全书完

---

　　① 立面（façade），建筑学术语，一般指建筑物的外墙，尤其是正面，立面相当于建筑的"脸面"，是建筑设计的重点。——译注

附录　大事年表

波旁王朝（1589 年 8 月~1792 年 9 月）

1. 1589 年 8 月　　　　亨利三世遇刺身亡

　　　　　　　　　　亨利四世即位开启波旁王朝，结束法国宗教战争

2. 1789 年 5 月 5 日　　三级会议召开　（三级分别为教士、贵族和平民）

3. 1789 年 6 月 17 日　国民议会成立

4. 1789 年 7 月 9 日　　国民议会更名为国民制宪议会（又称制宪议会）

5. 1789 年 7 月 14 日　巴黎人民攻占巴士底狱，法国资产阶级大革命爆发

6. 1789 年 8 月 26 日　《人权宣言》

7. 1791 年 9 月 30 日　国民制宪议会解散

8. 1791 年 10 月 1 日　立法议会成立（吉伦特派上台）

9. 1792 年 8 月 10 日　八月起义（攻占杜伊勒里宫）

10. 1792 年 9 月 2 日　九月大屠杀

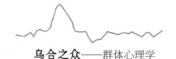

法兰西第一共和国（1792 年 9 月~1804 年 5 月）

1. 1792 年 9 月 22 日　国民公会开幕，宣布成立共和国
2. 1793 年 1 月 21 日　路易十六被处决
3. 1793 年 3 月 13 日　旺代战争
4. 1793 年 6 月 2 日　雅各宾派掌权，通过救国委员会实行专政
5. 1794 年 7 月 27 日　热月政变（热月党人上台）
6. 1795 年 10 月 3 日　葡月暴动（巴拉斯任命拿破仑镇压）
7. 1795 年 10 月 26 日　国民公会解散
8. 1795 年 11 月 2 日　督政府成立
9. 1799 年 11 月 9 日　雾月政变
10. 1799 年 12 月 25 日　执政府成立，拿破仑任第一执政

法兰西第一帝国（1804 年 5 月~1814 年 4 月）

1. 1804 年 5 月 18 日　《共和十二年宪法》宣布法兰西帝国成立，拿破仑称帝
2. 1812 年 6 月　俄法 1812 年战争，拿破仑兵败
3. 1813 年 10 月　莱比锡战役，拿破仑兵败
4. 1814 年 3 月 31 日　反法联军攻占巴黎
5. 1814 年 4 月 6 日　拿破仑宣布退位，被流放厄尔巴岛

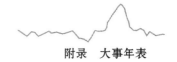
波旁王朝第一次复辟（1814 年 5 月~1815 年 3 月）

1814 年 5 月 3 日 路易十八即位，波帝王朝复辟

法兰西第一帝国复辟（百日王朝 1815 年 3 月 20 日~1815 年 6 月 22 日）

1. 1815 年 3 月 1 日 拿破仑从厄尔巴岛重返法国
2. 1815 年 3 月 20 日 拿破仑重登皇位
3. 1815 年 6 月 18 日 滑铁卢兵败
4. 1815 年 6 月 22 日 拿破仑退位，被流放圣赫勒拿岛
（于 1821 年 5 月 5 日去世）

波旁王朝第二次复辟（1815 年 7 月~1830 年 7 月）

1. 1815 年 7 月 8 日 路易十八复位
2. 1824 年 9 月 16 日 查理十世即位
3. 1830 年 7 月 27 日 七月革命爆发，推翻波旁王朝

七月王朝（又称奥尔良王朝，1830 年 7 月~1848 年 2 月）

1. 1830 年 7 月 29 日 路易–菲利浦被推上王位
2. 1831 年 11 月 21 日 里昂工人起义

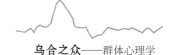

3. 1848 年 2 月 22 日　　二月革命爆发，推翻七月王朝

法兰西第二共和国（1848 年 2 月~1852 年 12 月）

1. 1848 年 2 月 25 日　　共和国宣布成立
2. 1848 年 4 月 23 日　　制宪议会成立
3. 1848 年 6 月 22 日　　六月起义
4. 1848 年 12 月 10 日　路易-波拿巴成为第一位普选产生的总统
5. 1849 年 5 月 13 日　　立法议会成立

法兰西第二帝国（1852 年 12 月~1870 年 9 月）

1. 1852 年 12 月 2 日　　路易-波拿巴登基称帝，称"拿破仑三世"
2. 1859 年 4 月　　　　　雷赛布组织开凿苏伊士运河（历时十年）
3. 1870 年 7 月 19 日　　普法战争爆发
4. 1870 年 9 月 2 日　　 拿破仑三世在色当宣布投降

法兰西第三共和国（1870 年 9 月~1940 年 6 月）

1. 1870 年 9 月 4 日　　 法兰西共和国成立
　　　　　　　　　　　　资产阶级共和派与保皇派组临时的国防政府

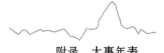

2. 1871 年 2 月　　　　国民议会成立，梯也尔当选政府首脑

3. 1871 年 3 月 18 日　巴黎公社短暂统治巴黎（至 1871 年 5 月 28 日）

4. 1873 年 2 月 11 日　西班牙第一共和国成立

5. 1881 年 1 月 1 日　雷赛布组织开凿巴拿马运河

6. 1883 年 12 月　　　中法战争（至 1885 年 4 月）

7. 1886 年　　　　　　布朗热运动

8. 1891 年　　　　　　法俄同盟

9. 1895 年　　　　　　《乌合之众》出版

法兰西第四共和国（1945 年 9 月~1958 年 10 月）

1. 1945 年 9 月　　　　"二战"后，法国全民公决，成立第四共和国

2. 1946 年 10 月　　　制宪议会宣告第四共和国正式成立

法兰西第五共和国（1958 年 10 月至今）

1958 年 10 月　　　　法国全民公决通过现行共和国宪法法兰西第五共和国成立

后记　人中龙凤的心法在何处

作为一个职业交易者，每天都会感受到群体心理在金融市场中的巨大影响力。已经作古的伟大经济学家约翰·M.凯恩斯是极少数能够从金融市场持续赚钱的学者，他透露自己的秘诀在于善于揣摩群体的心理。早在行为金融学开宗立派之前，他已经把握到了投机交易的精髓所在，并且能够将自己的理论落地，在经济学家中实属罕见。

行为金融学是心理学与金融学的新兴交叉学科，群体心理学是心理学的一个重要分支。《乌合之众——群体心理学》的作者勒庞从政治和社会运动的角度阐述了群体心理的一些基本原理，算得上是这个学科的开山之作。金融市场算得上是观察"乌合之众"的最佳实验室，群体心理的瞬息变化直观可见，价量与媒体舆情就是其直接体现。

因此，一个人如果想要在人心昭昭的领域游刃有余、一较高下的话，就必须将群体心理作为一个重要的因素来斟酌考量。无论是在金融经济领域，还是公关营销领域，又或是行政管理领域，一个优秀的"格局操盘手"都需要对群体的心理了如指掌。

以金融领域为例，无论是做投资还是做投机，都需要拿捏

乌合之众——群体心理学

群体心理的分寸。本杰明·格雷厄姆是价值投资的一代宗师，他反复强调"市场先生"是情绪化的，而这种情绪化其实创造了价值低估的安全空间，也就是投资者进击的窗口期。彼得·林奇是价值投资实践的杰出代表，他反对购买那些热门股票，因为群体心理的亢奋会导致这些股票的估值过高。同时大量产业资本会进入相应实业领域，引发激烈竞争，进而降低业绩。在价值投资流派看来，无论是"戴维斯双杀"还是"极端恐慌点"都是群体心理的极端值。

纵横外汇市场数十载的金融巨擘索罗斯提出了"反身性理论"，除了信贷之外，群体心理则是另外一个关键变量。追逐人气的高潮和转折是投机者的宗旨，无论是在外汇市场，还是商品市场，又或是大家最为熟悉的股票市场。

最近十几年，纯粹的庄股已经很少了，许多妖股可以归为此类。游资是A股市场最为活跃和敏锐的力量，它们与涨停板的关系最为密切。它们并不坐庄，但是却非常注重散户人气的聚散。人气聚，则股价涨；人气散，则股价跌。江湖声名最为洪壮的游资大多是小散出生，靠着领悟力与意志力层层升级到了游资的地位。它们的身影经常出现在两市龙虎榜数据上，成为任何交易者都不可忽视的重要对手盘。无论是打板，还是低吸，或者半路追涨，无论具体的操作手法如何，市场情绪和板块效应是它们最为关注的市场动向。通俗来讲，所谓的市场情绪和板块效应就是群体心理在股票市场上的具象而已。

投资要看大众的情绪，在错杀时逢低买入；投机要看大众的情绪，在发动时追随买入。无论是投资还是投机，都必须明了群体心理，可以说这就是交易王道的至高心法。

　　说得更加宽泛一点，如果你想要在人群和社会中有所作为的话，必须掌握群体心理的波动规律。许多政治人物都读过勒庞的《乌合之众——群体心理学》，他们驾驭人心的手腕修炼到了炉火纯青的地步，有些流芳百世，有些遗臭万年。群体心理学是一把"双刃剑"，调动人群是一种魔法般的能力，良知与之相配才能长久。

　　有两本书应该与《乌合之众——群体心理学》配合起来读，一本是《旧制度与大革命》，另一本是《疯狂之众》（*Extraordinary Popular Delusions and the Madness of Crowds*）。在研读和翻译相关书籍的时候，有些典故的疑惑咨询了相关领域的朋友，特别感谢 Umalius Lopin 和 Gwendal le Lan 两位法国友人。

　　深得人心要旨者，未必能够得天下，但至少也会如蛟龙得水，处处乘势当机，好不快哉！

　　人心三昧，值得玩味！

　　古今领袖群伦者，其不传之秘，皆在心法。

魏强斌

2021 年 1 月